5차원 독서법과
학문의 9단계

5차원 독서법과 학문의 9단계

1판 1쇄 발행 2017. 5. 29.
1판 6쇄 발행 2024. 9. 1.

지은이 원동연

발행인 박강휘
편집 임지숙 | 디자인 조명이
발행처 김영사
등록 1979년 5월 17일(제406-2003-036호)
주소 경기도 파주시 문발로 197(문발동) 우편번호 10881
전화 마케팅부 031)955-3100, 편집부 031)955-3200 | 팩스 031)955-3111

저작권자 ⓒ 원동연, 2017
이 책의 저작권은 위와 같습니다. 저작권자와 출판사의 허락 없이
내용의 일부를 인용하거나 발췌하는 것을 금합니다.

값은 뒤표지에 있습니다.
ISBN 978-89-349-7750-6 04370   ISBN 978-89-349-7754-4 (세트)

홈페이지 www.gimmyoung.com   블로그 blog.naver.com/gybook
인스타그램 instagram.com/gimmyoung   이메일 bestbook@gimmyoung.com

좋은 독자가 좋은 책을 만듭니다.
김영사는 독자 여러분의 의견에 항상 귀 기울이고 있습니다.

이 책은 2003년 10월 18일 발행한 《5차원 독서법과 학문의 9단계》의 개정판입니다(1판 16쇄 발행 2015.09.11).

빅데이터 시대의
효과적인 정보 활용법

5차원 독서법과
학문의 9단계

5 Dimensional READING &
9 STEPS of LEARNING

원동연 지음

김영사

2부 학문의 9단계

3부 좀 더 나은 삶을 위해

20년 전 한 권의 책을 내면서 다음과 같이 사람을 길러야 한다고 주장했다. 전인격적 인성인 지력·심력·체력·자기관리 능력·인간관계 능력의 다섯 가지 요소를 전면적으로 갖출 수 있는 5차원 전면교육을 실시해야 하며, 이런 교육을 받은 사람이 인생에서 승리할 힘을 지닐 수 있다고 말했다. 우리는 이런 사람을 다이아몬드칼라라고 불렀다.

어느덧 20년의 시간이 흘렀다. 그간 우리는 1만 5,000명 이상의 교사, 부모, 전문가가 함께 이 주장이 가능한가에 대해 실험해왔다. 그리고 그 결실이 한국을 비롯해 중국, 몽골, 러시아, 미국 등에서 나타나기 시작했다. 1996년 중국 연변과학기술대학교에서 5차원 전면교육을 실시한 후, 옌지시 2중에서 하위권 학생들이 본 교육을 통해 최상위권으로 올라가기도 했다. 1997년 몽골 밝은미래종합학교에서는 길거리에 버려진 아이들에게 본 교육을 적용해 일반 학교 학생들보다 더 좋은 결과를 얻기도 했고, 2001년 몽골의 나차긴 바가반디 대통령과 필자의 면담을 통해 2002년 몽골국제대학교를 설립하고 중앙아시아에서 본 교육을 할 수 있는 근거를 확보했다. 2006년 라오스국립대학교에서 5차원 전면교육을 적용했으며, 2012년 탄자니아연합대학교를 설립하는 등 12개국 이상에서 본 교육을 실시해왔다. 한국에서는 세인고등학교에서 최초로 본 교육을 적용한 이후 벧국제학교 설립, 동두천중·고등학교의 전면교육 실시, 그리고 미래 인재를 개발하기 위해 설립한 디아글로벌학교를 통해 귀한 열매들을 수확해왔다. 그리고 2017년에는 KAIST 미래전략대학원에서 5차원 전면교육이 수용성 교육이라는 이름으로 국가 미래 교육의 모델로 제시되기도 했다.

이러한 지금까지의 열매를 바탕으로 책을 개정해 출간하기로 결정하고, 우선 다섯 권부터 개정을 시작했다. 첫째, 전인격적 인성 교육을 바탕으로 수용성을 길러줄 핵심 역량이 담긴 《5차원 전면교육 학습법》을 《5차원 전면교육》이라는 이름으로 재개정했다. 둘째, 창조적 지성을 길러줄 핵심 역량을 배울 수 있는 《5차원 독서법과 학문의 9단계》를 수정·보완했으며 셋째, 언어 수용성을 확보해 누구나 글로벌 커뮤니케이션 능력을 기를 수 있는 핵심 역량을 제시한 《5차원 영어 학습법》을 《5차원 영어》로 보완 재개정했다. 넷째, 수학을 포기한 사람이 '수학이 언어'라는 중요한 개념을 인식함으로써 누구나 수학을 쉽게 이해할 수 있으며, 융합적 능력을 확보하기 위한 핵심 역량을 배울 수 있는 《5차원 수학》을 이전에 발간한 《대한민국 수학교과서》를 대신해 수정 재개정했다. 다섯째, 바른 세계관을 기를 핵심 역량을 확보할 수 있도록 재설계한 《5차원 독서치료》를 재개정했다.

이 책은 이 중 학문의 9단계를 바탕으로 창조적 지성을 길러줄 핵심 역량을 제시하고 있는《5차원 독서법과 학문의 9단계》이다. 창조적 지성을 기르기 위해서는 정보의 입수, 고도화, 표출 과정을 이해하고 실행하는 능력이 중요한데 이러한 능력은 높인 근본 방안을 이 책에 수록했다.

현대는 빅데이터 시대로 데이터를 처리할 수 있는 능력, 즉 데이터 사이언스data science 능력에 따라 데이터에 담긴 패턴이나 미래를 예측하는 데 도움이 되는 신호를 찾는 힘을 지니게 되었다. 따라서 정보처리 능력에 따라 개인이나 기업의 운명이 결정되기도 한다. 디제이 파틸DJ Patil은 현대인이 데이터를 이해하는 통찰력과 데이터를 이용해 환상적인 이야기를 풀어낼 수 있는 역량을 모두 갖춰야 한다고 역설한다. 이번에 개정한 책이 빅데이터 시대를 살아가는 모든 현대인의 정보처리 역량을 키우는 데 도움이 되기를 바란다.

창조적 지성

창조적 지성이란 참과 거짓을 구별하고 창의적 사고를 할 수 있는 지적 틀을 말한다. 인간은 이런 참과 거짓을 구별하는 능력을 바탕으로 바른 문제의식을 가지고 비판적으로 생각하며 문제를 해결할 힘을 기를 수 있다. 현대사회는 정보처리 능력을 기반으로 창조적으로 생각하며 새롭고 혁신적인 아이디어를 낼 수 있는 인재를 필요로 한다.

일반적으로 학습이란 외부에서 들어오는 정보를 처리해 자신의 지식 체계에 연결해 기억하는 일련의 과정을 일컫는다. 이때 외부에서 입력되는 정보는 일반적으로 언어의 형태를 띤다. 기호로 된 언어symbolic language를 외부에서 받아들이면, 학습자는 이것을 자신의 방식으로 재해석한다. 해석한 내용은 의미언어semantic language로 재구성된다. 이와 같이 자신의 방식으로 재구성한 의미언어를 비로소 대뇌에 기억하는 것이다.

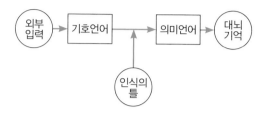
외부 입력과 인식의 틀에 의한 재해석

　학습자가 외부에서 들어온 기호언어를 재해석하는 과정은 자신이 사물을 인식하는 방식에 영향을 많이 받는다. 이것을 '인식의 틀'이라 할 수 있다. 동일한 내용을 받아들여도 사람에 따라 다르게 이해하고 기억하는 이유는 각자가 가진 인식의 틀이 다르기 때문이다. 따라서 인식의 틀을 바꿔 참과 거짓을 구별할 수 있는 창조적 지성을 갖추게 하는 과정이 모든 교육에 앞서 필요하다.

1부
—

학문,
그 본질에
다가서며

1

정보처리 능력

① 성적이 아닌 실력 위주의 학습

1등 콤플렉스

콤플렉스complex는 어떤 문제에 단순히 관심과 주의를 기울이는 것을 넘어 집착하는 현상을 의미하는 말로, 주로 정신분석학에서 쓰는 용어이다. 그러나 보통 사회와 그 구성원에게 나타나는 고정관념을 표현하는 경우가 많다. 이런 측면에서 현재 한국인의 특징을 꼽는다면 무엇이 있을까? 여러 가지가 있겠지만 대표적 예가 바로 '1등 콤플렉스', '성적 콤플렉스'가 아닐까 싶다.

몇 년 전 대한가족문화학회에서 조사한 통계자료에 따르면 한국인 부모의 79%가 '내 자녀는 최고가 되어야 한다'는 확고한 의식을 가지고 있는 것으로 드러났다. 이런 현상은 비단 자녀 문제에 국한하지 않는다. 모든 면에서 무조건 최고가 되어야 한다고 생각하는 기성세대 부모의 가치관이 그대로 자녀에게 거는 기대로 이어지기 때문이다.

그렇다면 사람들은 왜 이렇게 성적에 민감하게 반응할까? 현실적으로 성적이 높으면 좋은 학교에 가고 좋은 직장도 얻고 이 사회에서 성공할 가능성이 더 크기 때문일 것이다. 사람들은 그래야 결국 행복해진다고 생각한다.

이 말은 어떤 면에서 충분히 타당하다. 다양하고 복잡한 현대사회에서는 사람을 평가할 때 성적이라는 수치를 보편적 기준으로 삼기 때문이다. 또 더 나은 삶을 바라는 욕구는 지극히 자연스러운 인간의 본성으로, 인생을 살면서 행복을 추구하고 성적에 관심을 가지는 것이 결코 비난받을 일은 아니다. 나만 해도 나 자신이나 우리 아이가 직장이나 학교에서 이왕이면 좋은 성적을 받았으면 하고 바란다.

그러나 오늘날의 과열된 교육 현실을 바라보며 성적에 대한 지나친 관심과 이를 위해 기울이는 노력이 과연 본래 의도대로 우리 삶을 행복하게 하는지 되짚어보지 않을 수 없다.

해결되지 않는 문제

문제는 한국인의 높은 교육열에도 불구하고 우리의 교육이 그리 만족스러운 성과를 내지 못한다는 점이다. 유대인에 버금갈 만큼 열성적인 우리의 교육열은 세계 1, 2위를 자랑하지만 산업 경쟁력은 굉장히 취약하며, 고학력 실업자가 수두룩한 상황에서도 정작 기업들은 쓸 만한 사람이 그리 많지 않다고 하소연한다. 게다가 우리나라 대학의 수준도 학문하는 사람은 많지만 세계적인 석학도 많지 않고 노벨상은 언제나 너무 멀리 있다. 그리고 성적이라는 수단을 활용해 유리한 고지를 점령하고 행복해지고자 하는 간실한 소망은 있지만, 사람들의 실세 삶은 전혀 행복하지 못하다. 성적이 떨어지거나 직장을 잃고 실의에 빠져 스스로 목숨을 끊는 사람이 해마다 늘어날 뿐이다.

도대체 무엇이 문제인가? '열심'이 모자란 탓일까? 아니다. 오히려 '열심'이 지나쳐 1등만 향해 달려온 나머지 정작 중요한 것이 무엇인지 잊었기 때문이다. 자녀에게 왜 공부를 해야 하는지, 정말 중요한 공부가 무엇인지는 알려주지 않은 채 단편적인 지식 습득에만 급급해 무조건 1등을 해야 한다고 밀어붙였기 때문이다. 그 결과 성적은 높지만 실제로 필요한 일을 처리할 능력은 없는 사람들을 길러냈다. 즉 성적 위주의 가시적 교육이 영어 성적은 높은데 영어를 잘하지 못하고, 역사 성적은 높은데 역사의식이 없으며, 윤리 성적은 높은데 윤리 의식이 결여되어 있고, 체육 성적은 높으나 건강하지 않으며, 과학 성적은 높은데 과학적 사고방식을 하지 못하는 사람들을 만들어낸 것이다. 그런 까닭에 우리는 급격히 변하고 다원화하는 사회에서 점점 경쟁력을 잃어가고 있다. 그리고 이러한 경향은 더욱 가속화할 것이다.

실력 위주의 학습

그러면 어떻게 해야 하는가? 시험을 없애야 한다는 말인가? 교육을 포기해야 한다는 말인가? 아니다. 오히려 더 철저히 교육해야 한다. 단 '무조건 열심히'가 아니라 다원화하고 급격히 변하는 시대에 발맞춰갈 수 있도록 실제적 능력을 기르는 제대로 된 교육을 해야 한다. 단순히 숫자로 나타나는 가시적인 성적이 아니라, 어떤 일이든 자신의 일을 올바르게 처리할 수 있는 실효성 있는 능력을 쌓아주어야 한다.

이는 좋은 학벌과 상위권 성적을 유지하는 능력을 의미하지 않는다. 세계화 시대에 걸맞게 외국인과 만나 사업이나 학문에 관한 이야기를 막힘없이 나눌 수 있는 능력, 고도의 정보화사회에서 자신에게 필요한 것을 재빨리 취사선택할 수 있는 능력, 상황에 따라 불거지는 정치적·사회적 사건의 옳고 그름을 제대로 판단하고 그에 맞게 행동할 수 있는 능력, 순간순간 일어나는 개인적 일에 합리적 결정을 내릴 수 있는 능력을 포함한다.

좀 더 구체적으로 말하면 실력은 자신이 원하는 일이 무엇인지를 명확히 알고, 그것을 하기 위해 어떤 준비 과정을 거쳐야 하는지 아는 것, 실제로 그 일을 성취할 수 있는 힘을 의미한다. 또 자신이 원하는 일을 선택하고, 그 준비 과정의 옳고 그름과 합리성을 따져 주변 상황에 크게 동요하지 않고 일을 처리할 수 있는 능력을 말한다.

이러한 실력은 개인이나 집단 모두에게 필요한 것이다. 사람에게는 각자 지닌 재능이 있고 이를 최대로 계발할 의무가 있기 때문이다. 그리고 사람들은 삶의 현장에서 재능을 발휘해 자신의 가치를 인정받는 데서 행복을 느낄 수 있기 때문이다.

② 지식이 아닌 지혜 위주의 학습

지식 위주의 학습 한계

"아는 것이 힘이다"라는 말이 있다. 이 말은 오랫동안 우리의 지적 욕구를 자극해왔으며 열성적으로 자녀를 교육하는 데 정당성을 부여했다. 인간이 인간다운 가장 큰 특징은 생각할 수 있다는 점이다. 생각이란 아는 것, 즉 어떤 사물을 보고 듣고 경험함으로써 인식하게 되는 것이다.

그러나 오늘날 '아는 것=힘'이라는 등식은 점차 설득력을 잃어가고 있다. 과학기술의 발달로 정보의 교류가 원활해지면서 지식이 폭발적으로 증가하고 있기 때문이다. 앞으로 우리가 맞이할 미래 사회는 이런 현상이 더욱 가속화할 것이다.

미래학자들은 2020년이 되면 73일마다 정보가 두 배로 증가할 것이라고 예측한다. 이는 새로운 지식이 금세 쏟아져 나오기 때문에 지식이 많다고 절대 자랑할 수 없는 시대가 되었다는 의미이며, 지금까지 쌓은 지식이 무용지물이 될 수도 있다는 뜻이다. 그래서 지식을 많이 습득하려고 아무리 애를 써도 점점 더 많은 정보의 홍수 속에서 허우적거릴 수밖에 없다.

그렇다고 정보를 무시하고 새로운 것을 알아가는 노력을 멈출 수도 없다. 하루가 다르게 새로운 지식이 늘어나는 시대에 소극적 자세를 취한다면 지식의 폭발적인 증가 속도만큼, 아니 그보다 몇 배는 빠른 속도로 퇴보할 수밖에 없기 때문이다.

73일 단위로 정보가 두 배씩 증가한다

지혜 위주의 학습

무엇보다 중요한 것은 엄청나게 쏟아지는 정보의 홍수 속에서 자신에게 필요한 정보를 재빨리 가려내 취하고 이를 활용할 방법을 찾는 일이다. 이는 지식에 머무는 교육이 아니라 지혜로 발전시킬 수 있는 교육으로 가능하다.

지식은 어떤 사실이나 사물에 대한 단순하고 단편적 인식을 뜻하는 말로, 이를테면 '1+1=2'라는 하나의 문제밖에 해결할 수 없다. 반면 지혜는 몇 가지 지식을 토대로 여러 가지 상황에 적용하고 새로운 지식을 만들 수 있는 보다 본질적 힘이다.

컴퓨터 시스템을 예로 들어보자. 컴퓨터에 아주 많은 자료를 저장해 놓았고, 아무리 좋은 자료가 들어 있다고 해도 그것만으로는 컴퓨터가 작동하지 않는다. 이 컴퓨터를 움직이는 윈도 같은 운영 시스템이 필요하다. 그런데 똑같은 기종의 컴퓨터에 똑같은 자료가 들어 있다고 해도 운영 시스템이 무엇인지에 따라 결과는 다르게 나타난다. 저급 시스템에서는 저급한 결과가 나오지만, 고급 시스템에서는 고급한 결과가 나온다.

이와 마찬가지로 우리 뇌에 들어온 지식은 그것을 운용할 수 있는 슬기로움, 지혜에 따라 결과가 다르게 나타난다. 즉 지식을 운용할 수 있는 힘, 곧 지혜 위주의 교육을 받은 사람은 폭발적 정보의 홍수 속에서도 우왕좌왕하지 않고 정보의 우위에 설 수 있다는 의미이다.

③ '무조건 열심히'가 아닌 '올바른 방법'으로

실력과 지혜를 키우지 못하는 근본 이유

우리가 성적이 아닌 실력, 지식이 아닌 지혜 위주의 교육이 바람직하다는 사실을 인정하면서도 실력을 키우지 못하는 이유는 근본적으로 방법이 잘못되었기 때문이다. 일반적으로 우리는 일이나 공부를 잘하기 위해 열심히, 정신을 집중해서, 오랫동안 해야 한다고 생각한다. 이렇게 하기만 하면 잘할 수 있는데 그렇게 하지 않아서 못한다고 생각한다. 그래서 삶의 현장에서도 어떻게 하면 열심히, 정신 차려서, 많은 시간 동안 하는지에 관심을 둔다.

그러나 무조건 열심히 한다고 해서 실력을 최대한 향상시킬 수 있는 것은 아니다. 사실 애처로울 정도로 열심히 노력하는데도 공부를 잘하

개헤엄과 자유형의 차이

지 못하는 학생, 일을 매끄럽게 처리하지 못하는 사람이 의외로 많다. 그래서 "요즘 세상에서 가장 위험한 사람은 실력은 없으면서 열심히 하는 사람"이라는 우스개 아닌 우스갯소리가 유행할 정도이다. 이제는 '무조건 열심히'가 아니라 '어떻게'에 초점을 두어야 한다. 어떤 일을 하든지 그 일에 적합한 방법과 원리를 구체적으로 알아야 잘할 수 있다.

나는 어릴 때 수영을 가르쳐주는 사람이 없어서 이른바 개헤엄을 스스로 익혔다. 개헤엄은 모양새가 좀 우스꽝스럽지만 그것도 열심히 하면 수영을 잘할 수 있다. 어느 정도였느냐 하면 집 앞에 있는 저수지의 한쪽 끝에서 반대쪽 끝까지 왔다 갔다 할 정도로 잘했다. 그런데 우리 아이는 수영에 정통한 코치가 레슨을 해주는 실내 수영장에서 정식으로 수영을 배웠다. 그리고 몇 개월 뒤에는 나보다 훨씬 더 수영을 잘하게 되었다. 훌륭한 코치에게 제대로 된 수영법을 배웠기 때문이다.

이때 내가 만약 오기가 발동해 "아니, 이 녀석이 어디 가서 3~4개월 수영을 배우더니 30~40년 수영을 해온 나보다 더 잘해!" 하고는 녀석을 이기기 위해 새벽부터 밤늦도록 열심히 수영 연습을 했다고 치자.

밤 12시가 되어 졸리면 커피나 각성제까지 먹고 새벽 2~3시까지 개헤엄을 열심히 연습한다고 해서 내가 우리 아이를 이길 수 있을까? 이길 수 없다. 왜 그럴까? 그것은 방법이 잘못되었기 때문이다.

필자가 이런 예를 드는 것은 우리가 어떤 일을 무조건 열심히 하면 실력이 조금은 올라가겠지만, 자신의 능력을 최대치까지 올릴 수는 없다는 사실을 말하고 싶기 때문이다. 수영에 아무리 재능이 뛰어난 사람이라도 개헤엄으로 세계신기록을 내고 세상을 놀라게 하는 것을 기대할 수 없는 것과 마찬가지로, 직장 생활이나 정치 행위 또는 연구원들의 연구나 학생들의 공부 등 모든 일은 자신이 아는 방법론의 한계까지만 계발이 가능하다.

학생이 처음 공부를 시작할 때도 학문이나 학과목의 원리와 특성을 제대로 파악하지 못한 채 그냥 개헤엄 치듯이 공부를 한다. 그런 까닭에 자기가 터득한 공부 방법으로 가능한 만큼만 발전하게 되고, 자기가 가진 능력의 최대치까지 발전시키지 못하는 경우가 대부분이다. 따라서 학생이 공부를 잘하기 위해서는 학문에 정통하고 그 학과목을 잘 아는 사람에게 원리와 특성을 배우고, 가장 좋은 공부 방법도 익혀야 한다. 그런 사람이 훨씬 효과적으로 공부하고 자기 능력을 최대한 발전시킬 수 있다.

기업에서도 개인이나 조직이 최대로 능력을 발휘하기 위해서는 열심히 하기에 앞서 우선 바르고 효과적인 방법을 파악해야 하며, 그런 다음 그 방법으로 최선을 다해야 한다.

유기적 관련성을 맺는 지식들

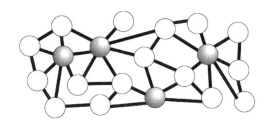

④ 100/10 학습 원리

성적이 아닌 실력, 지식이 아닌 지혜 위주로 학습 방향을 정했다고 하더라도 학습 자체에 대한 질문은 여전히 남아 있는 셈이다. 학습의 핵심 원리를 한마디로 정의하면 '100/10 학습 원리'라고 할 수 있다. 100/10 학습 원리란 100가지 지식을 가르쳐야 할 때 100가지 지식을 순서대로 가르치고 배우는 것이 아니라, 100가지 지식 중 가장 중요한 10가지를 먼저 가르치고 배우는 것을 말한다. 대체로 지식은 서로 유기적으로 연결되어 있기 때문에 가장 연관성이 큰 10가지를 가르쳐주면 나머지 90가지는 그 10가지와의 관련성에 따라 자동으로 알게 된다.

같은 시간에 똑같이 소리 높여 가르치고 열심히 공부해도 실력 차이가 나는 이유가 여기에 있다. 한정된 시간에 공부할 수 있는 것이 10가지라고 할 경우 중요도의 우선순위에 관계없이 닥치는 대로 공부하는 경우에는 10가지밖에 알 수가 없다. 그러나 가장 상관관계가 큰 10가지를 중요한 것부터 공부했다면 그 10가지의 유기적 상관성에 따라 100가지를 모두 알 수 있게 된다.

⑤ 학습의 핵, 정보

지적 능력을 극대화하려면 먼저 인간의 지적 활동이 어떤 과정을 거치는지를 알아야 한다. 인간의 지적 활동은 기본적으로 듣고 읽은 내용을 사고 활동을 거쳐 고도화한 뒤 다시 말하고 쓰는 과정이라고 할 수 있다. 그리고 여기에서 중요한 매개가 되는 것이 외부에서 유입되는 여러 가지 정보이다.

정보의 중요성

현대사회에서 정보의 중요성은 끊임없이 강조되고 있다. 여기에서 말하는 정보는 단순히 지식 차원에 머무는 것이 아니다. 컴퓨터를 중심으로 정보 기술이 혁신을 거듭하면서 현대사회에서는 정보가 물품이나 에너지, 서비스 이상으로 유력한 자본이 되어 산업·경제·교육·문화 등 사회 각 요소에 엄청난 영향력을 발휘하기 때문이다. 정보 전쟁이라는 말이 쓰일 정도로 이런 흐름은 점점 더 가속화하고 있다.

급격한 정보 기술의 발달로 정보량이 기하급수적으로 늘고 있기 때문에 수많은 정보 중에서 중요한 것과 덜 중요한 것, 자신에게 필요한 것과 필요 없는 것을 가려내는 일이 점점 어려워지고 있다. 정보 활용 능력이 뛰어난 사람은 정보를 바탕으로 자신의 지적 능력을 최대화할 수 있다. 하지만 그렇지 못한 사람은 정보가 오히려 부담스러운 짐이 되기 때문에 정보의 선택과 활용에서 빈익빈 부익부 현상이 심각해진다.

이처럼 오늘날 정보는 곧 힘이며 개인과 집단, 국가의 경쟁력과 직결된 핵심 요소이다. 그렇기 때문에 21세기에는 쏟아지는 정보를 어떻게 다루는가 하는 것이 '실력'의 중요한 부분으로 자리 잡는다.

정보처리 능력

1960년대 후반에 국가 경제개발과 관련해 정부가 매우 중대한 결정을 내린 적이 있다. 국내외의 반대를 무릅쓰고 경부고속도로를 건설하기로 한 것이다. 여기에는 막대한 비용이 드는 만큼 누가 보아도 무모한 결정이었다. 고속도로 천국이라 불리는 미국의 전문가들이 경부고속도로 예정 구간의 교통량을 측정하고는 "이 나라에는 향후 10~15년 동안 고속도로가 필요 없다"라고 단정했다. 그럼에도 공사를 감행했다. 미래를 정확하게 예측한 것이다.

마찬가지로 우리도 시대적 요구에 맞게 정보를 활용하는 능력을 키우는 데 과감히 투자해야 한다. 시골길처럼 취약한 우리의 지적 시스템을 8차선 고속도로로 바꿀 필요가 있다.

이는 단지 미래 사회에만 해당하는 이야기가 아니다. 지금 당장 학생들이 공부를 하거나 직장인이 업무를 처리할 때도 적용된다. 예를 들어 똑같은 분량의 업무가 있을 경우 정보처리 능력이 뛰어난 사람은 많은

시골길처럼 취약한 정보 통로를 8차선 정보 고속도로로 바꿔야 한다

시간과 노력을 들이지 않고 손쉽게 그 일을 처리한다. 그러나 정보처리 능력이 떨어지는 사람은 며칠 밤을 꼬박 새우고 코피를 흘려가며 일해야 겨우 업무를 마칠 수 있을 것이다.

이처럼 실력이 있는 사람과 없는 사람은 근본적으로 차이가 난다. 이 차이를 극복하기 위해서는 밤을 새우고 겨우 20~30%의 효율을 거둘 것이 아니라 효율을 200~300%로 올려야 한다.

정보처리 과정

인간의 지적 활동과 연관 지어 생각할 때 정보의 흐름은 크게 세 과정으로 나눌 수 있다.

첫째는 외부에 있는 정보를 개인이 인식하고 입수하는 과정이다. 이 경우에 정보는 입수 형태에 따라 두 가지로 나뉘는데 그중 하나는 눈으로 볼 수 있는, 즉 글로써 전달되는 형태이다. 책, 잡지, 컴퓨터 파일, 시각 자료, 논문 등 글이나 그림으로 얻을 수 있는 정보가 이에 해당한다. 그리고 강연, TV, 수업 등 귀로 들을 수 있는 형태의 정보가 있다. 내용에 따라 정보를 살필 경우에는 사실을 위주로 한 말과 글, 감정을 위주로 전달하는 말과 글로 나눌 수 있다.

둘째는 입수한 정보를 인간의 뇌에서 사고 활동을 거쳐 고도화하는 과정이다. 인간의 뇌는 고도로 발달한 정보처리 장치를 가지고 있어 들어온 각종 정보를 상호 연관 관계에 따라 분류하고 조합해서 저장한다. 아무리 많은 정보를 입수했다고 해도 이 고도화 과정을 제대로 거치지 못할 경우 그 정보는 크게 가치를 지니지 못한다.

학습 활동에서 정보 흐름의 셋째 과정은 입수하고 고도화한 정보를 말과 글 또는 그림이나 함수 등의 형태로 다시 외부로 표출하는 것이다. 정보는 아무리 잘 입수하고 고도화했다고 해도 표출하지 않으면 고인 물에 불과하다. 그 정보가 내게만 영향력을 미치기 때문이다. 그것도 단지 머릿속에서만 말이다. 정보의 표출이란 정보를 받아들이는 소극적 입장에서 정보를 제공하는 적극적 입장으로 바뀌는 것을 의미하는 것으로, 이 과정에서 정보를 끊임없이 확대하고 재생산한다. 정보의 표출이야말로 가장 확실한 정보의 취득인 셈이다.

정보처리를 향상시키는 요소

앞의 설명으로 우리는 인간의 지적 활동을 일으키는 요소가 정보라는 사실과 그 정보가 입수·고도화·표출이라는 세 과정을 거치면서 지력을 형성한다는 사실을 알았다. 이제 남은 문제는 각각의 과정을 잘 해결해나가는 것이다. 그렇게 하려면 정보를 잘 입수하고 잘 소화해서 잘 내보내면 된다. 그렇다면 도대체 어떻게 하는 것이 잘하는 것인가? 이 질문에 답하기 위해서는 정보의 입수와 고도화, 표출 과정에 영향을 미치는 요소를 찾아내고 그에 따른 구체적인 해결책을 제시해야 한다.

정보 입수의 관건은 정보의 양과 질이기 때문에 정보를 잘 입수하기 위해서는 단위정보량을 늘릴 수 있는 방법, 질을 높일 수 있는 방법을 찾아야 한다. 또 받아들인 정보를 고도화하기 위해서는 체계적인 정리 작업이 필요하기 때문에 정보의 성격과 내용에 따라 정보를 분류·분석·종합하는 능력이 필요하다. 마지막으로는 입수하고 고도화한 정보를 상황과 목적에 맞게 표출하기 위해서 효과적인 표현법을 훈련해야 한다.

이처럼 정보의 양을 늘리고 질을 높여 정보를 잘 입수하고, 정리하는 능력을 키워 정보를 충분히 소화하며, 논리적 표현력을 길러 언제 어디서나 필요한 정보를 적절히 표출하는 구체적인 방법이 다음에 제시하는 '학문의 9단계The 9 Steps of Learning'이다.

	학문의 9단계	

⇧ ⇧ ⇧

	지적인 능력의 극대화	

⇧ ⇧ ⇧

양을 늘리고, 질을 높인다	분류·분석·종합력을 기른다	표현력을 기른다
입수	고도화	표출

⑥ 정보처리 면에서 본 학문의 9단계

입수·고도화·표출의 정보처리 세 과정을 구체적인 학습 단계로 나누면 각 과정이 다시 3개씩, 모두 9단계로 나뉜다. 즉 100/10 학습 원리에서 10에 해당하는 것이 모두 아홉 가지이다.

과정	단계	목표	방법
정보 입수	1단계: 정보의 양 늘리기	빨리 읽고 이해하기	속해(문해) 독서법
	2단계: 정보의 질 높이기 (평면적 정보의 질 높이기)	정확하고 신속하게 분석하기	글 분석법
	3단계: 사실과 감정 구별하기 (입체적 정보의 질 높이기)	숨은 정보 찾아내기	글 감상법
정보 고도화	4단계: 정보 조직화하기	전체를 본 후 부분 보기	고공 학습법 상관관계 학습법
	5단계: 정보 개념 심화하기	정보를 구체화해 주관화하기	개념 심화 학습법
	6단계: 정보 의식화하기	정보를 내면화하기	질문 학습법

정보 표출	7-1단계: 정확하게 쓰기 7-2단계: 보물 숨기기 7-3단계: 자유자재로 응용하기	정보를 서술적 언어로 표현하기	– 평면적 글쓰기법 – 입체적 글쓰기법 – 실생활(종합 응용) 글쓰기법
	8단계: 그림으로 표현하기	정보를 이미지로 표현하기	도식화법
	9단계: 함수로 표현하기	정보를 수학적 언어로 표현하기	함수화법

정보 입수 과정

이 과정에서는 정보의 양을 늘리는 속해 독서법과 정보의 질을 높이는 글 분석법과 글 감상법을 제시한다. 사실적인 글에는 글 분석법을, 문학적인 글에는 글 감상법을 적용한다.

1단계: 정보의 양 늘리기 – 속해 독서법

지적 능력을 극대화하기 위해서 단위시간당 정보처리량을 늘리는 것이 첫째 목표다. 이는 한번에 받아들이는 정보의 양이 많고 적음에 따라 생각의 폭이 결정되기 때문이다. 생각의 폭이 좁으면 아무리 깊이를 더하려고 해도 한계가 정해지게 마련이고, 담을 수 있는 생각의 양도 한정된다. 따라서 단위시간당 입수하는 정보의 양을 늘려 생각의 폭을 넓히는 것이 지적 능력을 극대화하는 기초가 된다.

인간은 일반적으로 분당 1,000~1,500자의 정보를 처리할 수 있는 능력을 가지고 있다. 그러나 요즈음 사람들의 정보처리 능력을 조사해보면 분당 600자 내외이며, 심할 경우 200~300자에 머무는 경우도 많다. 기본을 훨씬 밑도는 비정상적인 수준이다. 따라서 정보처리 능력을 정상으로 회복하는 것이 무엇보다 시급하다.

정보를 입수할 때 이해력은 읽는 속도와 관련이 있다. 그런데 일반적인 생각과 달리 천천히 읽는다고 해서 정보를 잘 이해하는 것은 아니다. 이는 이해력의 열쇠가 글자 단위에 있는 것이 아니라 한번에 생각할 수 있는 단위인 의미 단위sense group(센스 그룹)에 있음을 뜻한다. 따라서 이해력을 높이기 위해서는 의미 단위로 끊어가면서 빠른 속도로 읽어야 한다. 이것이 바로 '속해 독서법'이다.

분당 1,000~1,500자를 읽고 이해하는 것이 정상이지만 이에 미치지 못하는 이유는 둔한 눈의 움직임과 소리를 내지 않아도 속으로 따라 읽는 습관 때문이다. 따라서 빠른 속도로 이해하면서 읽기 위해서는 먼저 굳어진 안구 근육부터 풀어야 한다. 그리고 속으로 따라 읽지 말고 눈으로만 읽는 훈련을 해야 한다. 또 한 번에 이해할 수 있는 의미 단위만큼씩 사선을 치면서 끊어 읽는 연습이 필요하다. 사선을 치면서 읽어나가는 방법은 의미 단위를 확장해 단위시간에 받아들이는 정보의 양을 최대치까지 끌어올릴 수 있게 한다.

속해 독서법을 활용해 정보처리 능력을 2~3배로 높이는 것은 그다지 힘든 일이 아니다. 턱없이 높은 수준이 아니라 정상적인 수준으로 회복하는 것이기 때문이다. 누구라도 7~8주간 꾸준히 훈련하면 그 능력을 두 배 이상 손쉽게 향상할 수 있다. 실제 경험에 따르면, 우리나라 중학교 2·3학년 학생들을 일주일에 1시간씩 그룹으로 훈련하고, 각자 날마다 10분씩 연습한 결과, 8주 후에 최소 1,400자, 최대 2,100자까지 증가하는 것으로 측정되었다.

2단계: 정보의 질 높이기 – 글 분석법

속해 독서법을 이용해 정보처리 속도를 두 배 이상 늘린 데 만족한 나머지 더 이상 정보처리 훈련을 할 필요가 없다고 판단하는 어리석은 사람들이 간혹 있다. 이는 시원하고 깨끗한 물을 얻기 위해 우물을 파려던 사람들이 우물을 팔 넓은 땅덩어리를 차지하고는 기쁨에 들떠 우물 파기를 뒷전으로 미루는 우를 범하는 것과 마찬가지이다. 정보의 양을 늘렸으면 정보를 질적으로 받아들이는 훈련을 해야 한다. 정보를 질적으로 받아들인다는 것은 생각의 폭을 넓히고 정보를 정확하게 받아들인다는 뜻이다.

정보를 정확하게 받아들이기 위해서는 먼저 정보를 구성하는 말과 글의 비밀을 알아야 한다. 말과 글의 비밀은 첫째, 모든 단어와 문장이 중요한 것이 아니라 중요한 것과 덜 중요한 것으로 나뉜다는 것이다. 그리고 둘째, 이 둘 사이에 상관관계가 있다는 것이다. 따라서 우리는 글을 읽을 때 반드시 중요한 것과 덜 중요한 것을 가려가면서 읽어야 한다. 그런데 여기서 주의할 점은 중요한 것을 찾을 때, 읽는 이의 입장이 아니라 글쓴이의 입장에서 찾아야 한다는 사실이다.

정보를 정확하게 읽기 위한 구체적 방법과 관련한 다섯 가지 질문이 있다. 이 질문은 글을 정확하게 이해했는지를 판단하는 기준이 된다. 다섯 가지 질문은 ① 몇 문단인가, ② 문단의 중심 내용은 무엇인가, ③ 형식은 무엇인가, ④ 주제는 무엇인가, ⑤ 제목은 무엇인가이다. 정보를 읽기 전에 먼저 이 질문에 답하겠다고 생각하고, 읽기에 들어간 후 읽으면서 중요한 문장에 밑줄을 친다. 그러면 정보를 두 번, 세 번 다시 읽을 필요 없이 단번에 완벽하게 이해할 수 있다.

3단계: 사실과 감정 구별하기 – 글 감상법

논설문과 설명문 중심의 글을 분석하는 훈련을 하면 정보를 정확히 이해하는 면에서 어느 정도 자신감을 갖게 된다. 그러나 어떤 정보는 글을 분석하는 것만으로는 다 알 수 없어 아쉬움이 남기도 한다. 시와 소설처럼 감정을 중심 내용으로 하면서도 함축적으로 쓴 문학작품이 그렇다. 이러한 문학작품은 인간 삶의 영역을 넓히고 정서를 풍부하게 만들 뿐 아니라 고도의 상징적인 형식을 띠기 때문에 정보를 해석하는 힘도 길러준다. 따라서 문학작품 형식의 정보를 받아들이기 위해서는 글 분석과 다른 접근 방법이 필요하다. 그것은 숨어 있는 주제를 찾아 글쓴이의 정서와 감정을 감상하는 방법이다. 이를 글 감상법, 즉 '보물 찾기'라고 한다.

작품 속에 숨어 있는 보물을 찾기 위해서는 먼저 편견과 선입견 없이 두어 번 읽으면서, 되풀이되는 말과 또는 비유로 표현한 것에 담긴 의미를 찾아야 한다. 그래야 글쓴이의 의도를 추측할 수 있다. 그런 다음에는 반드시 객관적인 자료로 자신의 감상이 정확한지 확인해야 한다. 문학작품은 글쓴이가 인생과 자연 그리고 현실을 어떻게 인식하는가 하는 세계관을 반영한다. 그러므로 사실에 대한 견해보다 그 속에 담긴 태도와 심리적 동기에 초점을 두고 작품을 이해하는 것이 바람직하다. 글 감상은 글 분석과 맞물려 정보의 질을 높이는 역할을 한다.

정보 고도화 과정

이 과정에서는 정보를 조직화하는 고공 학습법·상관관계 학습법, 소식화한 정보를 구체화하는 개념 심화 학습법 그리고 정보를 내면화하여 의식화하는 질문 학습법을 제시한다.

4단계: 정보 조직화하기 – 고공 학습법·상관관계 학습법

입수한 정보의 효율을 높이기 위해서는 정보를 질서화해야 한다. 정보를 질서화한다는 것은 여러 경로로 입수한 정보를 분석하고 분류해 활용하기 쉽게 정리하는 것을 의미한다. 똑같은 물건이 있는 가게라고 해도 아무렇게나 쌓여 있는 곳과 종류별로 깔끔하게 정리되어 있는 곳은 분명히 차이가 있다. 물건이 아무렇게나 쌓여 있는 가게보다는 품목별로 정리되어 있는 가게가 손님이 많고 그만큼 물건도 잘 팔릴 것이다. 손님이 물건을 찾거나 고르기 편리하게 해놓았기 때문이다.

정보를 질서화하기 위해서는 부분을 보기 전에 전체를 보는 능력이 필요하다. 퍼즐의 전체 그림을 본 사람이 낱낱의 조각을 좀 더 쉽게 맞출 수 있는 것처럼, 많은 지식을 전체적으로 볼 수 있는 사람이 지식의 조각을 더 잘 활용할 수 있기 때문이다. 전체를 보기 위해서는 비행기에서 아래를 내려다보듯 지식을 고공에서 내려다보는 고공 학습법을 익힐 필요가 있다. 고공 학습을 위해서는 '고공표'가 필요한데, 이는 책 한 권의 내용을 종이 한 장에 압축해 나타내는 것으로 전체를 한눈에 볼 수 있게 만든다(이에 대해서는 4장에서 자세히 살펴보겠다). 그리고 부분을 보기 위해서는 상관관계 학습법을 익혀야 한다. 상관관계 학습법은 고공표에 나온 각각의 부분이 어떤 상관관계를 맺고 있는지를 파악해 그 연결 고리를 찾는 것이다.

고공 학습법과 상관관계 학습법을 이용해 정보를 질서화하는 것은 우리가 못 보던 것을 보게 해주고, 해결하지 못하는 문제를 해결하게 만들어준다.

5단계: 정보 개념 심화하기 - 개념 심화 학습법

정보의 질서화에 이어 우리가 해야 할 일은 질서화한 정보를 내 것으로 체화하는 것이다. 정보는 대개 추상적이며 나와는 거리가 먼 이야기에 불과하다. 그러므로 그 내용을 이해해 그것을 바탕으로 내 생각과 느낌을 정리한다. 이는 결국 정보에 담긴 바람직하고 긍정적 내용을 선별해 내 생각과 관련을 맺는 작업이다.

추상적 개념을 구체화하기 위해서는 자신이 생각하는 개념과 사전적인 개념을 깊이 비교하는 과정이 필요하다. 이를 개념 심화 학습법이라고 한다.

6단계: 정보 의식화하기 - 질문 학습법

이처럼 하나의 정보를 입수하면 고공 학습법과 상관관계 학습법으로 정보를 객관화하고, 개념 심화 학습법으로 객관화한 정보를 주관화하는 과정을 거치게 된다. 하지만 우리가 객관화하고 주관화한 내용이 삶에 영향을 미치려면 아직 거쳐야 하는 과정이 남아 있다. 이것만으로는 그 힘이 부족하다. 실제로 우리가 아는 사실과 느낌이 완벽할 수는 없다. 그 글을 쓴 사람의 주장과 표현이 완전할 수 없으며, 그 글을 읽는 사람의 생각과 느낌 역시 마찬가지이다. 그러므로 그것을 나의 일부로 의식화되기까지 걸러내는 작업이 필요하다. 그 글의 내용과 느낌이나 생각이 우리 안에 바르게 내재하도록 스스로 진지하게 질문을 던져 그에 대한 답을 얻어야 한다.

정보 표출 과정

정보 표출은 드러내고자 하는 주제를 겉으로 표현하는 평면적 글쓰기와 주제를 내면화해서 안으로 숨겨 표현하는 입체적 글쓰기, 이를 실생활에 활용하는 종합 응용 글쓰기로 나눌 수 있다.

7-1단계: 정확하게 쓰기 - 평면적 글쓰기법

평면적 글쓰기는 설명문이나 논설문과 같이 사실을 정확하게 설명하고 논리적으로 주장하는 글쓰기를 말한다. 이는 중심 생각이 분명하게 드러나도록 글을 쓰는 것이므로, 중심 생각이 분명하게 드러난 글을 읽는 방법인 글 분석법을 역순으로 실행하면 된다. 앞서 글을 정확하게 읽기 위해서 문단, 문단의 중심 내용, 형식, 주제, 제목의 순으로 분석해야 한다고 했다. 글을 쓸 때는 이의 역순, 즉 ① 제목, ② 주제, ③ 형식, ④ 문단의 중심 내용, ⑤ 문단의 순으로 써나가면서 글 한 편을 완성하게 된다.

7-2단계: 보물 숨기기 – 입체적 글쓰기법

입체적 글쓰기란 시와 소설 등 문학작품처럼 주제가 함축적·상징적으로 드러나는 글쓰기를 말한다. 입체적 글을 쓰는 방법은 '보물 숨기기'라고 할 수 있는데, 이는 주제가 함축적·상징적으로 드러나는 글을 읽을 때 그 상징성을 풀어주는 보물 찾기에 반대되는 개념이다. 입체적 글쓰기의 방법으로는 연상하기, 함축·상징하기, 확인하기가 있다.

7-3단계: 자유자재로 응용하기 – 실생활 글쓰기법

종합 응용 글쓰기란 우리가 실생활에서 의사소통을 원활히 하기 위한 논술이나 보고서 또는 편지나 일기 쓰기를 말한다. 자신과 의사소통하는 매개체인 일기, 다른 사람과 의사소통하는 방법인 편지, 그리고 업무에 필요한 보고서, 문제 상황을 해석하고 해결하는 논술 등이 여기에 해당한다. 정보화사회인 오늘날 글을 잘 쓴다는 것은 바로 자기가 맡은 일을 처리할 때 정보를 효과적으로 표출하는 것을 의미한다.

8단계: 그림으로 표현하기 – 도식화법

의사 전달에서 가장 유용한 방법 가운데 한 가지는 우리의 두뇌 구조에 맞는 방식으로 표현하는 것이다. 글을 넘어서 사건의 내용을 그림, 도표, 선 등으로 표시하는 것을 말한다. 이를 위해서는 고공 학습의 원리, 상관관계의 원리, 개념 심화의 원리, 함축의 원리, 분류의 원리 등을 적용해야 한다.

9단계: 함수로 표현하기 - 함수화법

기호와 숫자로 구성된 함수를 사용해 가장 함축적으로 세상의 사건을 표현하는 방법이다. 함수화 표현법은 사건 내용의 핵심을 파악하고 심화했을 때만 가능한, 지식 표출의 고등 언어라고 할 수 있다.

학습의 최종 목표는 앞서 자세히 언급했듯이 실생활에서 자신이 맡은 일을 잘 처리할 수 있는 실력을 갖추는 것이다. 지금까지 알아본 9단계가 실력을 쌓는 중요한 원리이다. 그러나 여기에서 말한 단계는 훈련을 위해 편의상 나눈 것일 뿐 완벽하게 별개로 존재하는 것은 아니다. 각각의 단계는 서로 유기적 관계를 맺고 통합적으로 묶여 있기 때문이다.

2

5차원 독서법과 독서치료

지적 활동 중 가장 중요한 분야인 독서를 이야기할 때, 어떻게 읽어야 하는지는 매우 중요한 문제이다. 이 '어떻게'의 문제를 해결하기 위한 5차원 독서법과 '무엇'의 문제를 해결하기 위한 독서치료법을 소개한다.

5차원 독서법

학문의 9단계를 지적 활동에 실질적으로 적용하기 위한 방법으로 5차원 독서법이 있다. 일반적으로 독서를 한다고 하면 책을 읽는 것으로 생각한다. 그러나 그저 읽기만 해서는 정보를 입수하는 단계를 넘어설 수 없다.

입수한 지식은 필수적으로 고도화 과정을 거쳐야 한다. 같은 100개의 전화번호라도 그저 무질서하게 써놓은 것과 분류해놓은 것은 가치가 완전히 다르다. 입수한 지식을 재배열해 가치를 높이는 고도화 작업이야말로 독서에서 가장 중요한 부분이다. 하지만 아무리 고도화된 지식도 밖으로 표출하지 않으면 소용이 없다. 입수하고 고도화한 지식을 표출하는 훈련이 항상 수반되어야 한다. 그러므로 독서를 할 때도 지식의 입수, 고도화, 표출의 세 과정을 거치는 5차원 독서법을 활용해야 한다.

독서를 위한 60분의 시간이 있을 때 보통은 60분간 책 읽는 방법을 택한다. 하지만 5차원 독서법에서는 다음 세 단계를 실행한다.

1단계(40분): 책을 읽는다(이때 모르는 단어는 사전을 찾는다).

2단계(10분): 책의 내용을 깊이 생각한다. → 지식의 재배열 · 고도화

3단계(10분): 생각을 기록한다. → 지식의 체계화(추상적 개념의 구체화)

이러한 5차원 독서법으로 학문의 9단계를 체질화할 수 있으며 단시간에 지력을 향상시킬 수 있다.

독서치료

인간은 독서를 하면서 영혼이 감동하고 즐거움을 느끼며 생각과 태도에 변화가 일어난다. 책을 읽으면서 책 속의 상황과 현실 문제가 유사하게 전개되는 것을 관찰하고, 등장인물에게 친근감과 동질감을 느끼게 된다. 다시 말해 독서는 독자의 인격과 책 사이의 역동적 상호작

용으로 인격적 문제를 해결하고 삶의 지혜를 주며 건전한 자아상을 확립해주기도 한다. 이처럼 독서는 건전한 가치관 정립에 도움을 줄 뿐 아니라, 인간 내면의 갈등을 해소하고 치료하는 데도 도움이 된다.

독서의 이러한 기능에 초점을 맞추어 이를 적극적으로 도입한 개념이 독서치료이다. 자신과 타인의 감성과 행동을 이해할 수 있게 하고 정서적 문제를 치유해 태도에 변화를 가져오며, 문제 해결과 의사 결정을 효과적으로 도와 독서를 보다 적극적인 치유 목적으로 활용하는 것을 의미한다.

독서치료의 개념과 목적

독서치료bibliotherapy, reading therapy는 문헌을 치료 목적으로 이용해 인간의 정신적·정서적 갈등을 해소하는 심리 치료 요법이다. 즉 정신적 문제나 신경증 질환을 가진 환자에게 약을 처방하듯 지정된 도서를 처방해 독자의 감정과 행동을 변화시켜 치료를 돕는 것이다.

치료 요법therapy이란 용어는 그리스어의 'cure(치료하다)'에서 유래했다. 책을 통한 치료 요법은 고대에서 기원을 찾을 수 있다. 고대 그리스의 도시 테베에 설립된 도서관에서 '영혼의 치유 장소The Healing Place of the Soul'라는 현판이 발견되었으며, 알렉산드리아의 도서관에는 '정신의 약Medicine for the Mind'이라는 현판이 있었다. 아리스토텔레스는 자신과 제자들의 감성적 치유를 위해 독서를 권장했다.

독서치료는 직접적인 치료cure보다는 통찰력insight을 기르고 증진한다. 또 자아실현을 이룸으로써 건전한 자아상과 가치관을 확립하게 하며, 자신의 정서·사회적 문제를 파악하고 보다 현실적 사고력을 계발해 문제를 해결하게 하는 것이 목적이라 할 수 있다.

독서치료의 원리

듣기는 책을 읽으면서 극중 인물과 자신이 처한 상황이나 사고, 감정, 의식의 유사점을 찾아내고, 감정이입을 하면서 작품에 몰입하게 된다. 이러한 감정과 사고의 이입은 작품의 클라이맥스에 이를 때까지 증대된다. 주인공이 처한 상황과 느끼는 감정에 공감하고 분노를 터뜨리는 등 자신의 감정을 표출하기도 하고 대리 만족하기도 한다.

이때 느끼는 카타르시스는 감정적 통찰력을 유발하는데, 통찰은 독자가 작품을 읽으며 자기 자신의 문제에 객관적인 시각을 갖게 되는 것을 말한다. 또 통찰은 독서치료 과정에서 독자가 등장인물의 행동을 보며 스스로 깨달아 감정적 통찰력을 갖게 함으로써 자신의 문제를 해결하게 하는 독서치료의 원리이기도 하다.

독서치료의 방법

독서치료에서 치료 효과에 가장 영향을 주는 부분은 적합한 도서의 선택이다. 적시에 적합한 책을 적합한 사람에게 읽히는 것이 독서치료의 핵심이다. 독서치료를 실행하는 과정에서 치유 대상자의 문제점에 대한 정확한 파악, 목표 설정, 적절한 독서 자료의 선택과 시행 등을 체계적으로 수행함으로써 독서 요법의 효과를 높일 수 있다. 독서치료의 단계적 진행 방법은 다음과 같다.

① 자료의 수집

독서치료의 실행 준비 단계로 대상자의 인성과 행동에 관한 폭넓은 정보를 수집한다. 대상자의 출생 배경, 성격, 가정환경, 흥미, 학력, 독서 능력, 행동 발달 상황 등에 관한 조사가 필요하다. 이 시점에서 치료자는 대상자의 부모, 교사, 사서 등에게 필요한 정보를 수집한다. 대상자의 일기나 작품 등도 유익한 자료가 된다.

② 대상자의 특정 요구와 문제점 확인

수집한 정보를 중심으로 대상자의 요구나 문제점을 파악하고, 발견한 문제점의 원인을 충분히 검토한다.

③ 실행 계획의 수립

대상자의 요구나 문제점을 정확히 파악했으면 구체적 실행 방침과 목표, 세부 방법과 계획 등을 수립한다. 이 과정에서 독서치료의 실시 기간, 장소 등 환경, 개별적으로 시행할 것인가 혹은 집단적으로 시행할 것인가, 치료자가 관여하는 정도 등을 결정한다.

④ 독서 자료의 선택

독서 자료를 선택할 때 고려해야 할 사항은 다음과 같다.

- 도서의 주제나 소재가 문제 해결에 적용할 수 있는 내용일 것
- 정확하고 건전한 가치 판단의 기준을 제시하는 도서일 것
- 도서의 내용이 자살, 절망 등 부정적이지 아니할 것
- 대상자의 신체적·정신적 연령, 독서 능력, 기호에 부합할 것

- 독서 자료와 함께 그 효과를 더욱 높일 수 있는 시청각 자료 등의 사용을 고려할 것

⑤ 신행

독서치료를 실행할 때는 치료자와 독자가 신뢰감을 갖고 정서적으로 깊은 유대감을 유지하는 것이 중요하다. 이는 대상자의 정신적 갈등이나 내면의 심층적 심리를 직관하고 통찰하는 바탕이 된다.

⑥ 치료 효과의 확인

독서치료 과정에서 수시로 그 효과를 관찰하고 확인한다. 필요하면 치료 계획을 수정·보완하면서 진행한다. 치료 효과는 독후감이나 행동의 변화를 평가해 확인할 수 있다.

독서치료는 독서의 가치와 역할을 우리 삶에 보다 적극적이며 전문적으로 확장한 방법이다. 독서치료는 현대사회에 등장한 심리 치료, 음악 치료, 예술 치료, 향기 치료, 미디어 치료 등과 함께 인간의 정신적·정서적 압박감을 해소하고 문제를 해결하는 내면의 힘을 키운다는 점에서 유사하다. 그러나 독자의 자주적 행동의 변화를 유도하며, 자아를 찾고 자신감을 갖게 하는 면에서 다른 치료법과 다르다. 사생활이 노출되지 않는 점, 시간과 장소에 제한받지 않는 점, 상처를 치유하고 사고와 의식을 재구조화함으로써 그 효과가 지속적이며, 건강한 가치관과 통찰력을 길러 삶의 모든 영역에서 변화를 가져온다는 점에서도 독서치료의 효과와 의미는 특별하다.

그러므로 좋은 책을 선택해서 바르게 읽는 행위는 좋은 음식이 몸을 건강하게 만들 듯이 인간의 정신과 사상을 건강하게 만드는 가장 중요한 요소가 된다. 하지만 술, 담배, 마약 등을 잘못 사용하면 몸을 망치듯이 잘못된 책의 선택도 우리 정신을 황폐하게 만들 수 있다. 따라서 좋은 책을 5차원 독서법을 활용해 매일매일 보는 습관을 들일 때 우리 삶은 더욱 값지고 건강해질 것이다.

2부
—

학문의
9단계

1

빨리 읽고 이해하기

― 정보의 양을 늘리는 속해 독서법

1 정보의 양, 왜 중요한가?

정보처리 능력을 극대화하기 위해서는 무엇보다 입수하는 정보의 양을 최대한 늘려야 한다. 정보의 양이 풍부할수록 정보의 질을 높일 수 있고 정보를 심화할 여지가 많기 때문이다. 이 말은 결국 단위시간에 입수되는 정보의 양에 따라 생각의 폭이 결정된다는 의미로, 우물을 파는 일에 비유할 수 있다. 우물을 파서 많은 물을 끌어 올려 쓰고 싶어도 처음에 좁게 파기 시작했다면 깊은 우물을 만들 수 없다. 좁은 폭이 한계를 만들기 때문이다. 심하면 물이 있는 곳까지 파 내려가지 못할 수도 있다.

지적 능력도 이와 마찬가지이다. 받아들인 정보를 질적으로 향상하고 심화해야 하는데 정보의 양이 적으면 아무것도 시도할 여지가 없다. 따라서 학습의 첫 단계에서는 단위시간에 입수하는 정보의 양을 늘릴 수 있는 속해 독서법을 익혀야 한다.

② '무조건 빨리'가 아닌 '빠른 이해'를 목표로

'10배, 20배 빨리, 많이'의 신화

정보의 양을 늘리고자 할 경우 흔히 속독 훈련을 떠올린다. 그러나 속해 독서법은 속독과 다르다. 일반적으로 속독법은 읽는 속도를 현재의 10배에서 20배, 많게는 30~40배까지 늘린다는 의미이다.

속독에서 제시하는 급수, 단수 개념을 보면 좀 더 쉽게 이해할 수 있다. 일반 속독에서 제시하는 가장 낮은 단계의 수준을 10급이라고 분류한다. 10급의 수준은 1분당 글을 읽을 수 있는(이해하는 수준이 아니라) 분량을 2,000자로 본다. 가장 높은 수준을 10단으로 분류하는데, 10단은 1분에 무려 10만 자나 읽을 수 있다고 한다.

인간의 능력으로 과연 이것이 가능할까 의심스럽지만, 미국의 역대 대통령 중 존 F. 케네디가 그런 인물이었다고 한다. 케네디는 대통령의 격무에 시달리면서도 하루도 빠짐없이 업무를 마치고 잠들기 전에 책을 두 권씩 독파했다는 이야기가 전해진다. 일반 속독에서 강조하는 것은 이처럼 드물게 나타나는 케네디 대통령 같은 수준의 독서 능력이다.

하루 종일 걸려서 책 한 권을 겨우 읽던 사람이 10분이나 1시간 만에 책 한 권을 다 읽을 수 있게 된다는 것이다. 그래서 많은 사람이 '야! 그런 기술을 익히면 굉장하겠다'라고 생각하고 속독을 배우기 시작한다. 하지만 실제로 익히고 활용한 사람은 별로 없다.

그 이유는 목표가 너무 높기 때문이다. 10배를 목표로 정했는데 실력이 그만큼 늘지 않으니까 안 된다고 낙담하고 포기하는 것이다. 그러나 속해 독서법은 현재 자신의 독서 능력보다 두 배 늘리는 것을 목표로 한다. 과욕을 부리지 않고 현실적으로 가능한 목표를 정하는 것이 오히려 현명하다는 이야기이다.

제대로 이해하면서 두 배 늘리기

독서 속도가 두 배 향상되었다는 것은 6년 동안 할 공부를 3년 만에 할 수 있다는 것을 의미한다. 중·고등학교 6년을 다니면서 속해 방법을 모르는 사람은 6년 치밖에 공부할 수 없지만 속해 독서를 통해 정보 처리 능력을 두 배로 늘린 사람은 12년 분량을 학습할 수 있다. 독서 속도가 두 배만 향상되어도 대단한 것이다. 무엇보다 두 배 향상이라는 현실적 목표를 이루기 위해 하루에 10분씩만 훈련하면 된다. 하루 10분이면 충분하다.

③ 빠른 이해를 좌우하는 센스 그룹

속도와 이해력의 관계

우리는 일반적으로 빨리 읽으면 이해력이 떨어진다고 생각한다. 그런데 빨리 읽는 것과 이해력의 관계는 일반적인 생각과 반대이다. 읽는 속도가 느릴수록 이해하기는 오히려 더 힘들다.

글 읽는 것을 알아보기에 앞서 우선 말하고 듣는 문제를 생각해보자. "철·수·가·어·제·친·구·를·만·나·서·축·구·를……"이라는 문장을 천천히 한 글자씩 또박또박 10초에 걸쳐서 소리 내어 말해보자. 그리고 이번에는 같은 10초 동안에 2~3배 빨리 "철수가 어제 친구를 만나서 축구를 하고 오후에는 공부를 했다. 그리고 어머니와 함께 서점에 들러 책을 샀다. 집에 와서는 이 책을 다 읽고 독후감을 썼다"라고 말해보자. 어느 쪽이 더 이해하기 쉬운가?

앞서 천천히 읽은 방법보다 뒤에 읽은 방법이 훨씬 이해하기 쉽다는 것을 알 것이다. 속도를 빨리해 10초라는 단위시간 동안 많은 내용을 파악하게 함으로써 듣는 사람의 이해를 도왔기 때문이다. 이는 라디오를 통해 축구나 야구 등의 스포츠 중계방송을 들을 때, 흥분한 아나운서가 빠른 속도로 말해도 내용을 충분히 이해할 수 있는 것과 마찬가지이다.

이제 눈으로 읽는 것을 한번 생각해보자. 앞에서 입으로 나온 정보를 귀로 듣는 것은 개인 차이가 별로 없다는 것을 알았다. 듣는 행위는 우리가 태어난 직후부터 저절로 이루어져 숙달되기 때문이다. 그러나 눈으로 읽는 행위는 조금 다르다. 글을 읽는 것은 어릴 때부터 성인이 될 때까지 개인에 따라 훈련된 정도가 많이 다를 수 있다.

그래서 이론적으로는 분당 960~1,500자를 봐야 하지만 일반인의 평균 글 읽는 속도는 500자 내외이고 훈련된 정도에 따라 읽는 양이 다르게 나타난다. 만일 우리가 몇 가지 나쁜 습관을 고쳐서 정상적인 수치인 1,200자 수준을 회복한다면 단위시간에 받아들이는 정보의 양이 많아지기 때문에 과거의 습관대로 또박또박 천천히 읽을 때보다 전체적으로 이해력을 크게 향상시킬 수 있다.

이해력의 열쇠, 센스 그룹

'responsibility'라는 영어 단어를 읽어보자. 이 단어를 모르는 사람은 "r·e·s·p·o·n·s······"라고 한 자씩 읽은 다음 "아! responsibility"라고 할 것이다. 그러나 이 단어를 이미 알고 있는 사람은 열네 자가 한눈에 들어올 것이다.

마찬가지로 "꿀·벌·의·꼬·리·춤·은·전·체······"라고 천천히 읽으면 이해가 더 잘될 것 같지만 그렇지 않다. "꿀벌의 꼬리 춤은 / 전체 동물의 / 의사소통 체계 중 / 가장 정교한 것으로 / 유명하다." 이렇게 이미 알고 있는 만큼 끊어서 보아야 더 잘 이해할 수 있다.

우리는 이제 인간은 어떤 정보를 의미 단위로 받아들인다는 사실을 알게 되었다. 그러므로 빨리 읽는다고 해서 이해가 잘되지 않거나 한 자 한 자 끊어 읽는다고 해서 이해가 잘되는 것은 아니다. 이해하느냐 못 하느냐는 늦게 읽거나 빨리 읽는 데 달린 것이 아니라, 그 의미를 이미 아느냐 모르느냐에 달렸다.

예를 들어 '시너고그Synagogue'라는 단어의 뜻을 모르면 아무리 천천히 읽어도 이해할 수 없다. 이해력은 현재 자신의 지적 수준과 관계가 있는 것이지 속도와 크게 상관없기 때문이다. 따라서 속해 독서법은 무조건 빨리 읽는 속독 훈련이 아니라, 종합적으로 지적 수준을 높이면서 빨리 이해하는 능력을 키워주는 '속해 훈련'이다.

④ 나의 속해 독서 수준은?

정보처리의 평균 속도와 일반 속도

학자들의 견해에 따르면, 한국어의 경우 일반적으로 한 번 시선을 던져 파악할 수 있는 글자 수가 4~5개라고 한다. 그리고 우리의 두뇌가 그 글자 내용을 파악하고 이해하는 데 평균적으로 0.2~0.25초가 걸린다고 한다. 이를 산술적으로 계산하면 보통의 한국인이 한국어를 읽는 속도는 분당 960~1,500자라는 말이 된다.

그런데 대다수 한국인은 이러한 정상적인 속도로 정보를 처리하지 못하고 있다. 실제로 실험해보면 한국인이 글을 읽는 평균 속도는 1분에 400~600자로 정상 속도인 분당 1,200자의 절반에도 못 미친다. 우리가 평균치만 회복해도 현재의 두 배 이상 정보를 더 받아들일 수 있는데, 평균치에도 이르지 못하는 것은 좀 억울한 일이 아닌가!

독서 능력 측정

이쯤에서 자신의 독서 속도를 측정해보자. 1분 동안 뜻을 이해하면서 몇 글자 정도를 읽는지 정확하게 파악하고, 측정 결과를 적는다. 그리고 그보다 속도를 두 배 높이는 것을 목표로 '속해 훈련'에 들어가면 된다. 그런데 독서 속도를 측정하기에 앞서 한 가지 주의할 점이 있다. 측정 결과를 잘 나오게 하기 위해서 이해되지 않는 부분이 있는데도 무조건 빨리 읽는 데만 급급해서는 안 된다는 것이다. 평소의 글 읽는 습관대로, 의미를 파악하면서 정확히 읽어야 한다. 또 다 읽고 그 글의 줄거리를 쓸 수 있어야 한다.

- 준비물: 초시계, 연필
- 측정 방법
  ① 다음 예문을 초를 재면서 읽는다.
  ② 다 읽은 다음 얼마나 걸렸는지 시간을 기록한다.
  ③ 본문을 다시 읽지 않고, 그 내용을 다섯 문장 정도로 요약한다.
  ④ 글자 수 계산법에 따라 1분에 몇 글자를 읽었는지 기록한다.

예문

인간과 우주의 존재

우주의 물질 및 생명체는 어떻게 해서 존재하게 되었을까? 기본적으로 이 질문은 철학에 그 뿌리를 두고 있다. 자신의 기원 또는 무엇으로 만들어졌는지에 대해 의문을 갖게 되면 곧바로 우리는 형이상학, 신학, 철학의 세계로 몰입하게 된다. 왜냐하면 우주와 생명의 기원에 관한 것은 관찰도 안 되고 실험실에서 재현해볼 수도 없기 때문이다. 기원의 문제를 고찰할 때 우리는 개인적인 직관, 합리성, 과학적 접근에 따른 실험성 그리고 초자연적 계시 등을 고려해야만 할 것이다.

개인적인 직관은 실제 기원의 문제에 대해 올바른 답을 줄 수는 없다. 합리적인 분석이나 관찰에 따라 알 수도 없다. 그러나 매우 뜸하기는 하지만 직관이 새로운 혁명적 가능성을 열어놓기도 한다. 그 한 예로 1926년 슈뢰딩거가 착안한 수학 공식을 들 수 있다. 그 공식을 과학적으로 설명해달라고 했을 때 그는 그 공식의 타당성에 대해 아무런 설명도 할 수 없었다. 그러나 그 공식은 실험에 매우 잘 맞았으며 결국 원자의 구조를 설명하는 매우 유명한 공식이 되었다.

합리성이란 종종 안락의자법이라고도 불리며 고대 그리스의 학자들이 즐겨 쓰던 방법이었다. 탈레스는 '이 세계는 무엇으로 만들어졌는가?'라고 생각하다 그 근본은 물이라는 결론을 내렸다. 그 후 헤라클레이토스, 엠페도클레스로 이어가면서 그 근본은 흙, 불, 공기 그리고 물이라고 정하게 되었다. 나중에 데모크리토스는 그 전의 학자들보다 정확하게 세계의 근본은 원자라고 말하게 되었다. 데카르트와 칸트도 대표적인 합리주의자였다. 그러나 합리성만으로는 신뢰할 만한 지식을 구체적으로 줄 수가 없으므로 고대 그리스인들의 방법보다 더 나은 방법이라고 할 수도 없다.

과학적인 실험은 인간의 감각과 각종 기기의 도움을 받아 자연 속의 변하지 않는 법칙을 찾아내려는 것이다. 여러 데이터를 종합하고 분석하여 가설을 만들고 그것을 바탕으로 이론을 도출해낸다. 이 이론이 시간이 흐름에 따라 실험 결과와 부합하게 되면 드디어 법칙으로 발전한다. 하지만 법칙이란 것은 절대 불변의 자연법칙에 대한 인간 지성의 실험적 설명에 그칠 뿐 실상 그 본질과는 사뭇 다르다고 할 수 있다. 그렇기 때문에 인간의 과학적 사고가 변함에 따라 그 법칙 역시 변하게 되어 있다.

다음 초자연적 계시란 매우 독선적인 접근 방법 중 하나다. 마치 운동장에서 축구 연습을 많이 하면 할수록 그 이치를 깨닫는 것과 같은 것이 아니다. 그 계시가 얼마나 신뢰감을 줄 수 있느냐 하는 것은 다음 세 가지로 대별해볼 수 있다. 첫째로는 그 권위 있는 근거에 대한 지식이 있는가, 둘째로는 그 권위는 우리에게 얼마나 정확한 정보를 전달할 수 있는 능력이 있는가, 셋째로는 우리가 그 계시된 내용을 얼마나 잘 이해하고 있는가 하는 것이다. 초자연적 존재가 실재하고 형이상학적 세계는 물론 형이하학적 세계도 지배한다면 그 계시를 정확하게만 이해한다면, 우리가 이 세상에서 가지는 문제에 가장 확실하게 답을 줄 수 있다.

어떠한 방법을 이용하든지 기원에 대해 올바른 태도를 확립하는 것은 매우 중요하다. 그 이유는 어떻게 해서 인간을 포함한 우주와 생명체가 존재하게 되었느냐에 따라 어떻게 사는 것이 가장 올바른 삶인지 결정되기 때문이다. 기원의 문제는 인간이 지상에서 가장 효과적으로 또 가장 보람 있게 사는 방법을 제공한다.

※출처: 심영기, 《성경과 과학》

본문 글자 수	1,214자
읽은 시간	초
1분당 읽은 글자 수	자

• 이 글의 줄거리를 쓰세요.

_____

_____

_____

_____

_____

_____

_____

_____

1분당 읽은 글자 수 계산법

① 읽은 시간을 초로 환산한다.

　2분 30초 → 150초

② 본문의 글자 수를 읽은 시간(초)으로 나눈다.

　본문 글자수 ÷ (　)초 =? (초당 글자 수/소수점 1자리까지)

③ 초당 글자 수에 60을 곱한다.

　? × 60 = 1분당 읽은 글자 수

읽은 시간	자/분	읽은 시간	자/분
50초	1,462	150초(2분 30초)	487
60초(1분)	1,214	160초(2분 40초)	457
70초(1분 10초)	1,044	170초(2분 50초)	430
80초(1분 20초)	914	180초(3분)	406
90초(1분 30초)	812	190초(3분 10초)	385
100초(1분 40초)	731	200초(3분 20초)	365
110초(1분 50초)	664	210초(3분 30초)	348
120초(2분)	609	220초(3분 40초)	332
130초(2분 10초)	562	230초(3분 50초)	318
140초(2분 20초)	522	240초(4분)	305

⑤ 속해 독서를 위한 준비운동

안구 훈련

　우리가 책을 읽는 모습을 상상해보자. 우선 손으로 책을 잡고, 글자를 따라 눈동자를 움직인다. 눈동자를 좌우로 빠르게 움직이는 행위를 끊임없이 되풀이한다. 그런데 많은 사람이 독서하는 모습을 관찰해보면 안구를 움직이는 속도가 느릴 뿐 아니라, 심지어 고개를 돌려가면서 책을 읽는 경우도 많다.

　글 읽는 속도는 눈을 움직이는 속도에 따라 결정된다. 눈이 빨리 움직이면 속도가 빨라진다. 평소에 책을 많이 읽은 사람은 특별히 이런 훈련을 하지 않아도 안구를 움직이는 근육이 발달해 안구를 움직이는 속도가 매우 빠르다. 그렇지만 평소에 이런 연습이 많이 하지 않았다 하더라도 지금부터 제시하는 안구 운동법을 실천하면 단기간에 안구를 빨리 움직이는 능력을 갖게 된다.

다음에 제시하는 '안구 훈련표'는 가상의 책이라 할 수 있다. 책을 읽는 행위도 일종의 안구 운동이지만, 내용을 이해하면서 읽으려면 안구를 제대로 강화할 수 없기 때문에 일단 내용이 없고 형태만 있는 가상의 책을 보면서 눈동자를 빨리 움직이는 연습을 하는 것이다.

먼저 안구 훈련표를 보고 책 읽듯이 동그라미를 처음부터 끝까지 쭉 따라가면서 1분 동안 몇 번을 반복해서 보았는지 측정하자. 동그라미는 단지 눈을 움직여 운동하기 위한 것이므로 될 수 있는 한 눈동자를 빨리 움직이는 것이 중요하다.

그러나 이 훈련은 안구의 근육을 강화하기 위한 것이기 때문에 지나치게 빨리 하려고 욕심을 부려서는 안 된다. 동그라미 줄을 빨리 훑어가면서 보되 정확성을 기해야 하며, 속도에만 초점을 맞추면 눈만 지칠 뿐이다. 느리더라도 한 줄 한 줄 정확하게 훑어 내려가야 한다.

이 안구 훈련을 하루도 거르지 않고 3분씩 꾸준히 하면 단기간에 독서 능력을 높일 수 있다. 1개월 이상 이렇게 훈련할 경우, 대부분 1분에 10회 이상 읽을 수 있게 되고, 그 결과 1분에 1,200자 이상의 독서 속도를 확보하게 된다.

안구 근육이 강화되어 안구를 부드럽게 움직일 수 있게 되면, 책을 읽을 때 마치 내리막길을 달리듯 시원한 기분을 느낄 수 있다. 안구 훈런을 하지 않았을 때는 헉헉거리며 오르막길을 오르는 것처럼 책을 읽는 행위 자체가 피곤하고 힘들지만, 안구의 움직임이 부드러워지면 그런 현상이 사라지고 글 읽는 동작이 쉽고 재미있어진다. 그러니 독서 속도가 빨라지는 것은 당연하다.

그럼 지금부터 실제로 안구 운동을 해보자. 다음 표를 보고 1분 동안 전체를 몇 번 반복했는지 기록한다. 세 차례에 걸쳐 시도한 뒤 그 결과를 안구 훈련표에 적는다.

안구 훈련표(3분 속해 훈련)								
1차:		회/분	2차:		회/분	3차:		회/분
○ ○ ○ ○ ○	○ ○ ○ ○ ○	○ ○ ○ ○ ○
○ ○ ○ ○ ○	○ ○ ○ ○ ○	○ ○ ○ ○ ○
○ ○ ○ ○ ○	○ ○ ○ ○ ○	○ ○ ○ ○ ○
○ ○ ○ ○ ○	○ ○ ○ ○ ○	○ ○ ○ ○ ○
○ ○ ○ ○ ○	○ ○ ○ ○ ○	○ ○ ○ ○ ○
○ ○ ○ ○ ○	○ ○ ○ ○ ○	○ ○ ○ ○ ○
○ ○ ○ ○ ○	○ ○ ○ ○ ○	○ ○ ○ ○ ○
○ ○ ○ ○ ○	○ ○ ○ ○ ○	○ ○ ○ ○ ○
○ ○ ○ ○ ○	○ ○ ○ ○ ○	○ ○ ○ ○ ○
○ ○ ○ ○ ○	○ ○ ○ ○ ○	○ ○ ○ ○ ○
○ ○ ○ ○ ○	○ ○ ○ ○ ○	○ ○ ○ ○ ○
○ ○ ○ ○ ○	○ ○ ○ ○ ○	○ ○ ○ ○ ○

속으로 따라 읽는 버릇을 고치려면 혀를 고정하고 읽는 연습을 해야 한다

묵독 훈련

우리는 소리 내서 읽을 때 분당 400자 정도 읽는다. 그런데 소리를 내지 않고 묵독할 경우에는 소리 내서 읽을 때보다 속도가 빨라야 하지만 소리 내 읽는 수준을 벗어나지 못한다. 그 이유는 책을 읽을 때 눈으로 보면서 속으로 그 내용을 다시 따라 읽기 때문이다. 따라서 속도를 높이기 위해서는 일단 속으로 따라 읽는 습관을 버려야 한다. 입을 꽉 다문 채 혀를 움직이지 않고 읽는 연습을 하면 그 버릇을 없앨 수 있다. 이렇게 속으로 따라 읽는 버릇을 없애면 다음부터는 진짜 눈으로만 보게 된다.

상상으로 안구 훈련하기

자동차 운전 연습을 하기 위해 자동차를 직접 운전하는 방법밖에 없는 것은 아니나. 컴퓨터 앞에 앉아 그림을 보고 핸들을 돌려보면서 연습하는 시뮬레이션 방법도 있다. 이처럼 가상현실에서 훈련을 해도 효과가 있다. 또 운전하는 사람 옆자리에 앉아 커브를 틀 때 기어와 핸들을 어떻게 조작하는지 직접 보면서 머릿속으로 운전 연습을 할 수도 있다. 운동도 마찬가지이다. 탁구 연습을 할 때 공을 직접 치는 것도 중요하지만, 한가한 시간에 머릿속으로 탁구 치는 모습을 상상하는 것도 실력을 향상하는 방법이다.

이런 상상력은 가상이 아니다. 우리는 눈으로 사물을 보기 때문에 눈을 매우 중요하게 생각한다. 그러나 눈은 여러 사물을 받아들이는 창구 역할을 할 뿐, 실제로 보는 역할을 하는 것은 뇌이다. 특정 정보가 눈으로 들어오면 뇌에서 변환해 보게 된다. 예를 들어 방송국에서 전파를 전달하면 TV에서 그 전파를 화상으로 전환해 TV를 시청할 수 있는 원리와 같다. 뇌에서 생각하고 상상하는 모든 작용이 실제와 같은 것이다. 그래서 상상력이 중요하다.

상상으로 책을 보는 것은 실제로 책을 읽는 것보다 더 고도의 독서 훈련이다. 이 상상 훈련을 잘하면 독서 속도를 세 배 이상 향상시킬 수 있다. 단, 이 상상 훈련은 독서 속도가 두 배 이상 향상된 이후에 시작해야 효과적이다.

〈아폴로 13〉이라는 영화에 이런 상상 훈련을 하는 모습이 나온다. 영화에서는 우주선 아폴로 13호를 달에 보낸 뒤, 그 우주선에서 일어나는 일을 지구에 있는 본부에서 다른 사람이 그대로 재현한다. 우주선에서 문제가 발생했을 때 그것을 해결할 방법이 없기 때문에 본부에서 똑같은 상황을 재현하고 해결책을 강구해 만약의 사태에 대비하는 것이다.

그럼 지금부터 상상 훈련을 실제로 해보자. 일단 눈으로 읽으려고 해도 눈동자의 움직이는 속도가 느리면 마음대로 안 되니까 먼저 머릿속으로 안구 운동을 한다. 편안한 마음으로 자세를 바르게 하고 혀를 이에 댄 채 눈을 감고 안구 훈련표를 머릿속에 그리자. 그런데 이 과정이 쉽지 않다. 상상력이 뛰어난 사람은 잘 그리지만 상상력이 부족한 사람은 그리지 못한다. 상상력의 차이만큼 훈련에도 차이가 난다.

처음부터 한 쪽의 그림을 다 그리기는 어려우므로 눈을 감고 먼저 한 쪽에 동그라미 하나를 그려본다. 희미해도 그려졌다고 생각하면 된다. 그다음 2개가 그려졌다고 생각하고 다시 옆에 1개를 그린다. 그다음에 그 2개 양옆에 3개를 그려서 5개가 생겼다고 생각하자. 그러면 한 줄을 그린 것이다. 그다음으로 그 밑에 또 한 줄 만들고 세 줄, 네 줄, 다섯, 여섯, 일곱, 여덟, 아홉, 열 줄을 한 쪽으로 상상해 만들어보자. 훈련할 책을 상상으로 만들어서 보는 것이다.

이렇게 상상 훈련을 해서 전체를 완성하면 이 상상 훈련도 안구 훈련처럼 진행한다. 컴퓨터 게임을 하는데 모니터 안에 한 줄에 5개짜리 동그라미가 있는 열 줄짜리 노트가 생겼다고 생각하면 된다. 이렇게 상상한 다음에 그것을 머릿속으로 쭉 보는 것이다. 이것이 실제로 상상

상상 훈련 안구표	1차: 회/분	● ● ● ● ● ● ● ● ● ● ● ● ● ● ●
	2차: 회/분	● ● ● ● ● ● ● ● ● ● ● ● ● ● ●
	3차: 회/분	● ● ● ● ● ● ● ● ● ● ● ● ● ● ●

훈련을 하는 방법으로 이는 안구 훈련보다 훨씬 고도의 훈련이다. 이렇게 상상으로 읽는 훈련을 하면 엄청나게 빨리 읽을 수 있다. 상상력이 부족해서 애초에 그림조차 안 그려지더라도 그려진 것으로 생각하고 계속 훈련하면 상상력을 어느 정도 기를 수 있다.

6 속해 독서를 위한 사선 치기

몸과 마음의 준비

속해 훈련을 위해서 중요한 것이 바른 자세이다. 엎드리거나 쭈그린 자세에서는 정보를 받아들이기 어렵다. 일단 척추를 바로 펴고 자세를 바로 해야 한다. 둘째는 마음을 편하게 가져야 한다. 마음에 부담을 느낀다고 해서 잘되는 것이 아니다. 교사가 수업 시간에 학생들의 주의를 집중시키는 것은 매우 중요하지만, 아이들을 야단쳐서 공포 분위기를 조성하는 것은 효과가 거의 없다. 오히려 다른 방법으로 학생들의 마음을 편하게 만들어야 수업 효과를 높일 수 있다. 독서도 마찬가지이다. 마음을 편하게 만드는 것이 중요한데, 심호흡을 하면 도움이 된다.

그다음에는 속으로 따라 읽는 것을 막기 위해 혀를 이에 대 움직이지 못하게 한다. 이 방법으로 훈련하면 나중에는 가만히 두어도 혀가 움직이지 않는다. 이렇게 자세를 바로잡고 마음을 편하게 갖기 위해 심호흡을 하고, 혀를 이에 대 고정하는 것이 책을 읽기 위한 준비 과정이다.

센스 그룹 확장을 위한 사선 치기

이제 실제로 책을 가지고 독서 훈련을 해보자. 앞에서 훈련한 방법을 그대로 응용하면 된다. 먼저 자세를 바르게 하고 마음을 편안하게 가진 다음 혀를 이에 꼭 붙여 속으로 따라 읽지 못하게 한다. 그러고는 빨리 읽는다고 이해력이 떨어지는 것이 아니라는 사실을 염두에 두고 눈동자를 빨리 움직여 실제로 책을 읽어나간다.

매일 10분을 투자, 훈련해서 지금보다 책을 두 배로 빨리 읽을 수 있는 사실을 확인하면 이 훈련이 얼마나 유익한지 알 수 있다. 실제로 속해 독서를 할 때 필수적인 훈련 방법이 사선 치기다. 읽어 내려가는 문장에 사선을 치면서 의미 단위, 즉 센스 그룹으로 끊어가며 읽는 것을 말한다. 예를 들어 다음 글을 읽는다고 하자.

> 이렇게 상상으로 읽으면 엄청나게 빨리 읽을 수 있습니다. 상상이라는 것이 생각이지 않습니까? 안구 운동을 할 때에 비해서 월등히 빨리 볼 수 있는데 보통 사람은 상상을 해도 상상의 힘으로 읽지 못하고 안구 운동을 하는 정도밖에 못 읽습니다. 상상력이 부족해 애초에 그림조차 그려지지 않더라도 그려진 것으로 생각하고 계속 훈련하면 상상력을 어느 정도는 기를 수 있습니다.

'이·렇·게·상·상·으·로·읽·으·면' 하는 식으로 한 글자씩 떼어 읽는 사람은 아무도 없을 것이다. 적어도 '이렇게 / 상상으로 / 읽으면……' 식으로 단어 단위로 글자 정보를 인식할 것이다. 따라서 이해하는 속도를 높이기 위해서는 인식의 범위를 넓혀야 한다. 그러면 이번에는 한 번에 끊어 읽는 범위를 좀 더 넓혀보자. 통계적으로 볼 때 사람의 두뇌는 한 번 시선을 주면 4~5개 단어를 인식하는 것이 보편적이다. 그러므로 우리는 이렇게 읽을 수 있다.

> 이렇게 상상으로 읽으면 / 엄청나게 빨리 읽을 수 있습니다. / 상상이라는 것이 생각이지 않습니까? / 안구 운동을 할 때에 비해서 / 월등히 빨리 볼 수 있는데 / …….

위와 같은 방식으로 단번에 눈에 들어와 이해되는 범위를 사선으로 묶어가면서 읽으면, 훨씬 쉽게 이해할 수 있을 뿐 아니라 읽는 속도도 빨라진다. 또 훈련을 계속하면 한눈에 들어오는 범위가 점점 늘어 4~5개 단어 수준에서 나중에는 8~9개 단어까지 확장한다.

그런데 사선 치기를 하면서 읽을 때 주의할 점이 있다. 처음부터 과욕을 부려 많은 단어를 묶으면 절대 안 된다는 것이다. 실제 이해할 수 있는 의미 단위는 2~3개 단어인데 무리하게 6~7개 단어씩 묶어 읽으면 제대로 이해하지 못한 채 넘어가기 때문에 속해 능력이 향상되지 않는다. 그러므로 최소한의 범위로 시작해서 조금씩 확장해가는 것이 바람직하다. 그리고 조금 나아졌다고 곧바로 범위를 늘리는 것이 아니라 끊어 읽는 범위가 답답하다고 느낄 때 조금씩 늘려야 효과적이다.

그러면 이제 다음 글을 보며 센스 그룹이 점점 확장되는 과정을 실제로 살펴보자. 적응 단계에서는 다음과 같이 4~5개 단어의 의미 단위별로 사선을 치면서 글자 정보를 처리해나간다.

리빙스턴은 / 발이 부르트고, / 입술이 터지는 고통을 / 참고 이기면서 / 끝없는 모래사막 / 아프리카 탐험을 계속했다. / 죽음이 언제 닥칠지 모르는 / 급박한 상황을 헤치면서 / 미지의 세계로 / 점점 깊숙이 들어갔다. / 그러던 어느 날 / 드디어 아프리카 내륙에서 / 대서양으로 통하는 / 길을 찾아냈다. / 그리고 커다란 폭포도 발견해 / 여왕의 이름을 따서 / '빅토리아폭포'라고 이름 붙였다. /

사선 치기 17회

그다음 하루 5분 정도씩 훈련을 거듭해 2~3개 단어씩 끊어 읽는 것이 답답하게 느껴지고 오히려 속도를 늦추는 것 같다면 이때 다음과

같이 의미 단위를 조금 더 확장해서 읽는다.

> 리빙스턴은 발이 부르트고, / 입술이 터지는 고통을 참고 이기면서 / 끝없는 모래사막 / 아프리카 탐험을 계속했다. / 죽음이 언제 닥칠지 모르는 / 급박한 상황을 헤치면서 / 미지의 세계로 점점 깊숙이 들어갔다. / 그러던 어느 날 / 드디어 아프리카 내륙에서 / 대서양으로 통하는 길을 찾아냈다. / 그리고 커다란 폭포도 발견해 / 여왕의 이름을 따서 '빅토리아폭포'라고 이름 붙였다. /
>
> 사선 치기 12회

그리고 안구 훈련과 사선 치기에 익숙해진 다음, 그러니까 훈련을 시작한 지 2~3주가 지나 안구 운동 속도가 1분당 7회 이상이 되었을 경우에는 다음과 같이 사선 치기 범위를 좀 더 확장해 문장별로 끊어 읽으면 된다. 이런 경우 처음보다 두 배 정도의 독서 능력이 향상된 것을 볼 수 있다.

> 리빙스턴은 발이 부르트고, / 입술이 터지는 고통을 참고 이기면서 /끝없는 모래사막 아프리카 탐험을 계속했다. / 죽음이 언제 닥칠지도 모르는 급박한 상황을 헤치면서 / 미지의 세계로 점점 깊숙이 들어갔다. / 그러던 어느 날 드디어 아프리카 내륙에서 대서양으로 통하는 길을 찾아냈다. / 그리고 커다란 폭포도 발견해 / 여왕의 이름을 따서 '빅토리아폭포'라고 이름 붙였다. /
>
> 사선 치기 8회

사선 치기는 센스 그룹을 확장하는 가장 좋은 훈련이다

　이제부터 여러분은 새로운 독서 습관을 가져야 한다. 아무리 앞에서 설명한 원리에 모두 공감했다고 해도 실천하지 않으면 효과를 볼 수 없기 때문이다. 반드시 연필을 들고 어떤 글을 보더라도 이해하는 범위만큼 사선을 치면서 읽자.

　그런데 어떤 사람은 사선 치기가 귀찮고 그냥 읽을 때보다 오히려 속도가 느리게 느껴져 사선을 치지 않는 경우도 있을 것이다. 그러나 운동선수가 무거운 모래주머니를 발에 매달고 이리저리 구르고 뛰며 훈련하는 모습을 떠올려보라. 모래주머니만 없으면 훨씬 빨리 달릴 수 있을 텐데도 모래주머니를 달고 끙끙대면서 훈련을 한다. 왜 그럴까?

　그래야 실력이 늘기 때문이다. 사선을 치면서 읽는 훈련도 마찬가지이다. 다소 힘들더라도 사선을 치면서 꾸준히 센스 그룹을 확장하는 훈련을 한 사람과 그러지 않은 사람은 일정한 시점에 도달했을 때 정보를 처리하는 양이 엄청나게 달라져 있음을 깨닫게 된다.

단계	단어 수	센스 그룹 확장의 예
적응 단계	1 0	리빙스턴은 / 발이 부르트고, / 입술이 터지는 고통을 / 참고 이기면서 / 끝없는 모래사막 / 아프리카 탐험을 계속했다. / 죽음이 언제 닥칠지 모르는 / 급박한 상황을 헤치면서 / 미지의 세계로 / 점점 깊숙이 들어갔다. / 그러던 어느 날 / 드디어 아프리카 내륙에서 / 대서양으로 통하는 / 길을 찾아냈다. / 그리고 커다란 폭포도 발견해 / 여왕의 이름을 따서 / '빅토리아폭포'라고 이름 붙였다. / 사선 치기 17회
	2~5	리빙스턴은 발이 부르트고, / 입술이 터지는 고통을 참고 이기면서 / 끝없는 모래사막 / 아프리카 탐험을 계속했다. / 죽음이 언제 닥칠지 모르는 / 급박한 상황을 헤치면서 / 미지의 세계로 점점 깊숙이 들어갔다. / 그러던 어느 날 / 드디어 아프리카 내륙에서 / 대서양으로 통하는 길을 찾아냈다. / 그리고 커다란 폭포도 발견해 / 여왕의 이름을 따서 '빅토리아폭포'라고 이름 붙였다. / 사선 치기 12회
발전 단계	4~6	리빙스턴은 발이 부르트고, / 입술이 터지는 고통을 참고 이기면서 / 끝없는 모래사막 아프리카 탐험을 계속했다. / 죽음이 언제 닥칠지 모르는 급박한 상황을 헤치면서 / 미지의 세계로 점점 깊숙이 들어갔다. / 그러던 어느 날 드디어 아프리카 내륙에서 대서양으로 통하는 길을 찾아냈다. / 그리고 커다란 폭포도 발견해 / 여왕의 이름을 따서 '빅토리아폭포'라고 이름 붙였다. / 사선 치기 8회
	7~10	리빙스턴은 발이 부르트고, 입술이 터지는 고통을 참고 이기면서 끝없는 모래사막 아프리카 탐험을 계속했다. / 죽음이 언제 닥칠지 모르는 급박한 상황을 헤치면서 / 미지의 세계로 점점 깊숙이 들어갔다. / 그러던 어느 날 드디어 아프리카 내륙에서 대서양으로 통하는 길을 찾아냈다. / 그리고 커다란 폭포도 발견해 여왕의 이름을 따서 '빅토리아폭포'라고 이름 붙였다. / 사선 치기 5회

7 속해 독서법 실제로 해보기

예문

다음 글을 ① 한눈에 들어오는 만큼 사선(/)을 치고, ② 모르는 낱말에 네모(□)를 치면서 읽으세요.

사랑의 조건

나의 남편 미우라가 택한 신붓감은 두말할 것도 없이 바로 나다. 나는 왜 그가 나 같은 여자를 택했는지 생각하면 할수록 이상하기만 하다. 누구나 다 마찬가지겠지만 결혼 상대를 선택하는 데는 저마다 조건들이 있을 것이다. 여자에게 선택 조건이 있듯이 남자에게도 저마다 미래의 아내에 대한 상이 있을 것이다. '둥그스름한 얼굴을 가진 명랑한 여성'이라든가 '음식 솜씨가 뛰어나고 자상한 여성'이라든가 하는 식으로 말이다.

어쨌든 스무 살이 채 되기 전부터 남자는 여자에 대해서 자기 나름대로의 꿈을 지니고 있음에는 틀림이 없다. 그리고 건강해야 한다는 조건은 상대가 여자이어야 한다는 것처럼 지극히 당연한 것이어서 새삼스럽게 내세울 필요도 없는 것이다. 그와 더불어 여자가 남자인 자신보다 나이가 적어야 한다는 사실도 당연한 것임에 틀림없다.

만약에 당신의 형이나 동생 또는 아들이 다음과 같이 말한다면, 당신은 과연 어떻게 할 것인가?

"그녀는 폐결핵과 척추 카리에스로 8년 동안이나 병상에 누워 있습니다. 지금도 그녀는 여전히 침대에 누워 절대 안정을 취해야만 합니다. 그리고 때때로 각혈도 합니다. 나이가 33세이니 나보다는 두 살이 더 많고 그다지 예쁜 편도 아닙니다. 그녀의 애인은 죽었고 그녀의 머리맡에는 항상 그 애인의 사진과 유골 상자가 놓여 있습니다. 그녀의 병세가 언제 호전될지는 알 수 없으나 나는 언제까지고 기다릴 것입니다. 만약에 그녀가 낫지 않는다면 난 절대로 그 누구와도 결혼하지 않을 겁니다."

아마도 당신은 "세상에 그런 법은 있을 수 없다!"며 어떻게 해서든지 설득하려고 할 것이다. 나 자신도 물론 그런 경우에는 단호하게 반대할 것이 분명하기 때문이다.

그런데 그런 어리석은 소리를 한 사람이 있으니, 바로 나의 남편 미우라 미츠요다. 그는 공무원이었고 꽤 핸섬했다. 그는 여러 여성으로부터 사랑의 고백을 듣기도 했고, 혼담도 무척 많이 들어왔다. 그러나 그는 모든 것을 마다하고 오직 나만을 기다려주었다.

더구나 내 주위에는 여러 명의 남자 친구가 있었고, 그가 나를 찾아왔을 당시에도 몇몇 남자 친구들이 나의 병실을 번갈아가며 찾아와주곤 했다. 게다가 나는 예쁜 얼굴도 아니었으며 그렇다고 그다지 순수한 편도 아니었다.

대체 나에게 그를 기다리게 할 만한 어떤 가치가 있었을까를 자꾸 곱씹어 생각하지 않을 수 없다.

그는 일주일에 한 번씩 문병을 왔고 계속 격려해주었다. 그 결과 그를 만난 지 5년 만에 나는 겨우 건강을 되찾게 되었다. 그는 내 건강이 7년 걸려서 회복되든지, 8년 걸려서 회복되든지 간에 틀림없이 기다려주었을 것이다. 그는 바로 그런 사람이었다. 그가 35세, 내가 37세 되던 해에 마침내 우리는 교회에서 조촐하게 결혼식을 올렸다.

120명가량의 사람들이 약간씩의 회비를 내어서 홍차와 케이크를 마련하여 축하 파티를 열어주었다. 간소하기 그지없는 파티였지만 정성이 가득 찬 감동적인 것이었다. 결혼 전날까지 신열이 있던 나는 신혼여행도 포기한 채 남의 집 창고를 개조해서 만든 단칸방에서 그와의 신혼살림을 시작했다.

결혼 생활에 정말 필요한 것은 무엇일까? 나는 결코 평범하지만은 않은 나의 결혼 생활을 돌아보며 생각에 잠긴다. 사랑받을 만한 조건을 한 가지도 갖지 못한 나를 기다려주고 끝내 아내로 삼아준 미츠요의 사랑은 단순한 남녀의 사랑을 넘어선 것이리라.

참다운 사랑이란 것은 사랑할 만한 가치가 있는 것을 사랑하는 것이 아니라 아무도 돌아볼 만한 조건을 갖추지 못한 것을 사랑하는 것이 아닐까? 나의 인간적인 결점과 허약한 신체, 남의 입에 오르내리던 연애 사건을 모두 포용한 미츠요의 사랑이야말로 참다운 사랑이 아닐까?

결혼한다는 것은 상대의 과거뿐만 아니라 미래까지도 용서할

각오가 있어야만 가능하리라고 생각하면서 나는 그와 결혼했다.

그러나 나는 그에게 제대로 보답하지 못하고 있다.

※출처: 미우라 아야코, 《낮은 울타리》, 1997년 5월호

본문 글자 수	1,867자
읽은 시간	초
1분당 읽은 글자 수	자

• 이 글의 줄거리를 쓰세요.

_____

_____

_____

_____

_____

_____

_____

이미지 독서법

사선 치기를 해서 끊은 각각의 단락을 센스 그룹(의미 단위)이라고 한다. 그리고 이 센스 그룹은 이미지(그림)로 나타낼 수 있다. 이미지로 나타낼 수 없는 경우에는 내용이 지나치게 추상적이거나 사선을 잘못 쳐서 이미지가 왜곡되기 때문이다. 그러므로 사선을 바르게 치고 그림을 그리는 훈련은 이해력을 증진하는 매우 유용한 방법이다. 이와 같이 센스 그룹을 그림으로 나타내는 방법을 이미지 독서법이라고 부른다.

자그만 갯바위 하얀 백사장, 나 눈물에 젖어 게와 놀았다네.

위의 문장은 이시카와 다쿠보쿠의 〈나를 사랑하는 노래〉 중 한 구절이다. 사선을 아래와 같이 쳤다.

자그만 갯바위 / 하얀 백사장, / 나 눈물에 젖어 / 게와 놀았다네. /

이에 따라 내 머릿속에 떠오르는 이미지는 다음과 같다.

　이처럼 이미지 독서법으로 글을 읽어나갈 때 센스 그룹을 바르게 나누었는지 확인할 수 있으며, 글의 내용을 더 정확하게 파악하는 능력을 확보할 수 있다. 그리고 센스 그룹을 점점 확장하면 그림이 더 종합적으로 그려지는 것을 확인할 수 있으며, 이 과정에서 사고력이 점진적으로 확장된다.

이미지 독서법 실제로 해보기

다음 글에서 센스 그룹을 확인하고 빈칸에 그림으로 그려 넣으세요.

　로마군에 의해서 / 예루살렘의 모든 집이 / 불타고 파괴되었지만, / 벤자타이와 랍비 열 사람은 / 그들이 살고 있는 집 한 칸을 / 보존해달라고 간청했다. /

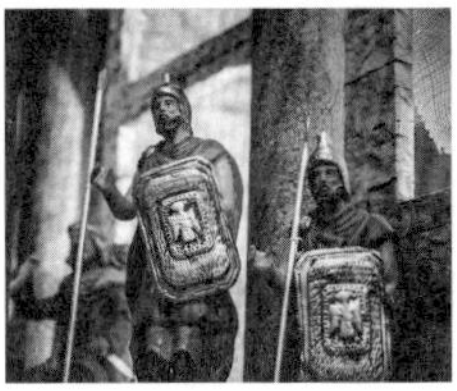	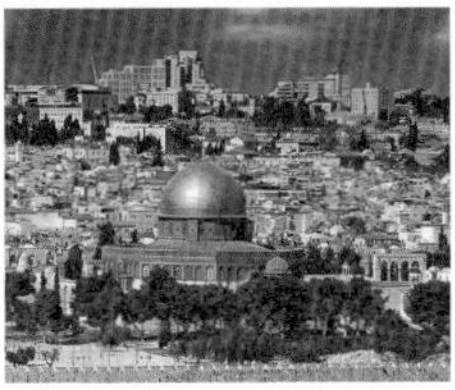	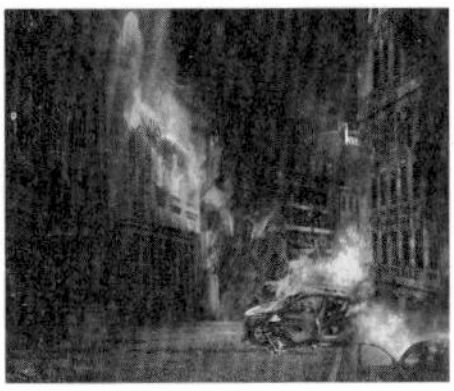

2

정확하고 신속하게 분석하기

– 정보의 질을 높이는 글 분석법

① 정확한 이해, 왜 중요한가?

빠르게 이해해 정보의 양을 늘리는 것이 중요하듯이 정확하게 이해해 정보의 질을 높이는 것도 매우 중요하다. 이는 마치 전쟁 중인 전투기가 얼마나 빨리 미사일을 발사해 얼마나 정확하게 적을 맞히느냐 하는 것이 중요한 것과 같은 이치이다.

예를 들어 10초마다 미사일 1개를 발사할 수 있는 전투기 A와 20초마다 미사일을 1개를 발사할 수 있는 전투기 B가 대치하고 있다고 가정해보자. 확률적으로 보았을 때 당연히 10초마다 미사일을 1개씩 발사할 수 있는 전투기 A가 승리할 가능성이 크다. 미사일을 빠른 시간 내에 많이 쏠 수 있기 때문이다. 그런데 만약 전투기 A가 미사일을 빨리 쏘기는 하지만 정확성이 현저하게 떨어지는 반면, 전투기 B는 20초마다 1개씩 쏘기는 해도 완벽에 가까운 조준율을 보인다면 결과가 어떻게 되겠는가? 두말할 나위 없이 A가 쏜 미사일이 허공을 헤매는 사이 B가 쏜 미사일은 A를 정확하게 공격할 것이다.

이처럼 정보를 처리할 때에도 정보를 빠른 속도로 많이 처리하는 능력이 매우 중요하긴 하지만, 정보의 핵심을 꿰뚫는 질 높은 정보처리도 대단히 중요하다. 애써 입력한 정보를 잘못 이해한다면 심각한 문제를 초래할 수 있기 때문이다.

정확하게 이해해 정보의 질을 높이는 것은 생각의 깊이를 더한다는 면에서도 중요하다. 똑같은 정보를 입수하더라도 그 정보를 정확하게 이해한 경우와 그렇지 않은 경우에 그 정보는 질적으로 명백한 차이가 있다. 그리고 이러한 질적 차이는 깊이 있는 생각의 밑거름이 되어 더 높은 차원의 정보를 정확하게 받아들이는 힘이 된다. 얕은 우물은 흙탕물이 고이거나 가뭄에 쉽게 마르지만, 깊이 판 우물은 맑고 깨끗한 물이 넘치는 것과 같은 이치이다.

❷ 글을 정확하게 이해하기 위해 알아야 할 것

중요한 것과 덜 중요한 것

정보를 정확하게 이해한다는 것은 정보를 분석적으로 본다는 의미로, 글을 구성하는 각 요소 간의 유기적 관계를 명확히 하는 것을 말한다. 그리고 정보를 분석적으로 보기 위해서는 먼저 정보를 이루는 말과 글의 속성을 알아야 한다. 말과 글의 중요한 속성은 하나의 정보를

정보는 균일하지 않으므로 왜곡되지 않게 처리하는 것이 중요하다

이루는 모든 단어와 문장이 균일한 밀도를 가지는 것이 아니라 반드시 중요한 것과 덜 중요한 것으로 되어 있고, 이 둘은 상관관계로 묶여 있다는 사실이다.

예를 들어 어떤 강사가 2시간 동안 강연을 했다고 가정해보자. 그 강사가 강연에서 청중에게 전달하고자 한 내용은 결국 무엇이었을까? 2시간 동안 말한 내용 모두 다일까? 그렇지 않을 것이다. 그 강사가 전달하고자 한 내용은 서너 가지에 불과하다. 나머지는 그 중요한 서너 가지 내용을 더 효과적으로 전달하기 위해 예화나 사례를 곁들여 설명하고 있을 뿐이다. 글도 마찬가지이다. 10쪽 분량이건, 100쪽 분량이건 모든 글에는 글쓴이가 전하고자 하는 뼈대가 있고, 나머지는 그 뼈대를 돋보이게 하는 살이다.

따라서 우리는 정보를 처리할 때 각 문장 간의 상관관계를 살펴봄으로써 그 정보에서 중요한 것과 덜 중요한 것을 가려낼 수 있어야 한다. 이것이 바로 정보를 정확하게 이해하는 것이고, 정보처리 능력이 뛰어난 것이다.

'내'가 아닌 '글쓴이'의 입장이 중요

똑같은 글을 읽었을 때 누구라도 그 글에서 알아차리는 중요한 메시지가 같아야 한다. 글은 무엇인가를 알리기 위한 목적이 있으므로 특정한 글을 읽고 사람마다 다르게 알아듣는다면 그 글은 의미가 없기 때문이다.

그런데 이상하게도 똑같은 정보를 주고 중요한 내용을 찾아보라고 하면 사람마다 각기 다른 내용을 제시하는 경우를 흔히 볼 수 있다. 이는 글쓴이의 생각을 염두에 두지 않고 읽는 사람 자신의 생각대로 글을 읽기 때문이다. 따라서 우리는 글을 읽을 때 글쓴이의 생각을 좇는 데 초점을 맞춰야 한다. 아무리 열심히 수십 번, 수백 번 글을 읽는다고 해도 자신의 관점에서 읽었다면 그 내용을 결코 정확하게 이해할 수 없기 때문이다.

선입견과 편견의 색안경 벗기

정보를 정확하게 이해하는 데 방해가 되는 또 하나의 큰 요인은 '정보'가 변환되어 '지식'으로 유입될 때, 개인의 처리 능력에 따라 다양한 왜곡이 일어난다는 점이다. 이는 다음의 그림에서 볼 수 있듯이 A라는 정보가 개인의 색안경을 거쳐 유입되기 때문에 A' 또는 B가 될 수 있다는 의미로, 색안경이란 우리 각자가 가지고 있는 세계관이나 배경 지식 등에 따라 형성된 선입견과 편견을 의미한다. 이런 선입견과 편견의 색

개인의 색안경을 거쳐 정보를 받아들이면 왜곡하기 쉽다

안경 때문에 우리는 정보를 사실 그대로 받아들이지 못하고 왜곡해 받아들인다.

그러므로 근본적으로 개인의 지적 능력을 향상시키기 위해서는 이러한 선입견과 편견을 교정해 객관적으로 정보를 정확하게 파악할 수 있는 힘, 객관적으로 글을 분석하는 힘을 길러야 한다.

③ 글 분석을 위한 기본 훈련

밑줄 치기

글을 정확하게 이해하기 위해서는 자신의 선입견과 편견에서 벗어나 글쓴이가 중요하게 생각하는 것을 찾아야 한다고 말했다. 그런데 이렇게 글쓴이가 중요하게 생각하는 것을 찾으라고 하면 읽는 속도가 급격히 떨어지는 것을 볼 수 있다. 중요한 것을 찾기 위해 두 번 세 번, 심지어 대여섯 번까지 글의 앞뒤를 오가며 다시 읽기 때문이다. 실제로 학생들이 시험을 치를 때 처음에 지문이 나오면 한 번 읽고, 그 지문과 연관된 문제가 여러 개이면 문제를 풀 때마다 매번 다시 읽는 것을 볼 수 있다. 실로 엄청난 낭비가 아닐 수 없다.

그렇다면 글을 한 번 읽고 정확하게 이해하는 방법에는 어떤 것이 있을까? 먼저 글을 읽어가면서 중요한 곳에 밑줄을 치는 간단한 방법을 실천해보자. 밑줄을 쳤다는 것은 중요하다고 판단했다는 의미이기 때문에 두 번, 세 번 다시 읽을 필요가 없다. 그러면 중요한 것과 덜 중요한 것을 가려내는 방법은 무엇일까? 글에서 중요한 것과 덜 중요한 것을 가려내려면 문장 간의 관계를 파악해야 한다. 앞에서 이야기했듯이 문장은 상관관계를 맺고 있기 때문에 특정 문장이 다른 문장을 설명하기 위해 쓰인 것인지, 다른 문장이 특정 문장을 설명하기 위해 쓰인 것인지 알아내면 된다.

네모 치기

글을 정확하게 이해하기 위해서는 기본적으로 글에 나오는 낱말의 뜻을 확실하게 알아야 한다. 글을 읽다가 모르는 낱말이 나오면 글 읽는 것을 멈추고 그 뜻을 찾아보지 말고, 끝까지 읽으면서 그 낱말의 뜻을 추측한다. 이때 모르는 낱말에 일단 네모를 쳐서 표시해두고 글 전체를 읽는다. 그렇게 하면 내용의 흐름 속에서 그 뜻을 충분히 짐작할 수 있다. 그리고 글을 다 읽은 다음 사전을 찾아 그 뜻을 정확하게 파악하면 된다.

④ 다섯 가지 질문으로 해결하는 글 분석

어떤 글을 정확하게 이해하기 위해서는 이해를 돕는 적절한 질문이 필요하다. 일찍이 그리스의 철학자 소크라테스가 사람들의 무지를 깨우치기 위한 방법으로 질문을 택했듯이, 질문은 사람들이 그것에 대해 생각하고 답하게 만듦으로써 자신이 무엇을 얼마만큼 알고 있는지, 어떻게 알고 있는지를 확인하게 하는 장치이다. 따라서 글을 읽은 다음 질문에 답하면서 글을 정확하게 이해했는지, 아니면 왜곡해 파악했는지를 금방 확인할 수 있다.

글을 읽고 정확하게 이해했는지를 파악하기 위한 질문은 모두 다섯 가지로 정리할 수 있다.

1. 이 글의 핵심은 모두 몇 개인가?
2. 각 핵심을 요약하면?
3. 그중 가장 중요한 핵심은 무엇인가?
4. 이 글이 전달하고자 하는 중심 생각은 무엇인가?
5. 이 글의 제목은 무엇인가?

위의 다섯 가지 질문을 정리하면 다음과 같다.

1. 이 글은 몇 개의 문단으로 이루어져 있는가?

2. 문단의 중심 내용(요지)은 무엇인가?

3. 이 글의 형식은 무엇인가?

4. 이 글의 주제는 무엇인가?

5. 이 글의 제목은 무엇인가?

이 다섯 가지 질문으로 무엇을 해결해야 하는지 알아보자.

1. 이 글은 몇 개의 문단으로 이루어져 있는가?

문단은 단락이라고도 하며, 하나 이상의 문장이 내용에 따라 묶여 있는 덩어리이다. 문단은 형식 문단과 내용 문단으로 나뉘는데, 글에서 한 칸 들여 쓴 한 덩어리를 형식 문단이라고 하며, 한 가지 중심 내용으로 묶은 덩어리를 내용 문단이라고 한다. 가장 이상적 글은 형식 문단과 내용 문단이 일치하는 글이다. 하지만 보통 형식 문단 여러 개가 내용 문단 하나를 이룬다.

2. 문단의 중심 내용은 무엇인가?

글의 중심 내용은 주제이다. 그러므로 문단의 중심 내용(요지)은 소주제이다. 이 중심 내용은 표면적으로 드러날 수도 있으나, 감춰져 있어 읽는 이가 재구성해야 하기도 한다.

3. 이 글의 형식은 무엇인가?

형식은 주제가 어디에 있는지를 말하는 것으로, 즉 가장 중요한 요지가 어디에 위치하는가이다. 글의 앞부분에 있을 때는 두괄식, 끝부분에 있을 때는 미괄식, 가운데에 있을 때는 중괄식, 중요한 것을 늘어놓을 때는 병렬식, 처음과 끝에 각각 있을 때는 양괄식이라고 한다. 그리고 표면식으로 드러나지 않고 숨어 있는 것을 무괄식이라고 한다.

4. 이 글의 주제는 무엇인가?

주제는 중심 생각을 말하는 것으로, 그 글에서 글쓴이가 전하고자 하는 내용을 가리킨다. 따라서 주제는 글의 전개 방향을 결정하기 때문에 주제를 올바르게 잡는 것이 무엇보다 중요하며, 좋은 글인지 아닌지를 결정하는 기준이 된다.

5. 이 글의 제목은 무엇인가?

제목은 글의 얼굴이라고 할 수 있는데, 글의 내용을 잘 표현할 수 있게 붙이는 것이 일반적이다. 전달 위주의 글은 주제나 글감을 제목으로 정하고, 표현 위주의 글은 주제를 암시하는 어구나 글감으로 제목을 삼는다.

⑤ 나의 글 분석 능력 측정하기

실제로 우리는 정보를 얼마나 정확하게 파악하고 있을까? 다음의 방법으로 간단히 측정해보자.

다음 글을 중요하다고 생각하는 부분에 밑줄을 치면서 읽어보자.

물고기는 말을 할 줄 모른다. 그러나 모습을 달리한다든지 색깔을 바꾸어 보임으로써 자신의 뜻을 전달한다.

보통 때는 가지런히 눕혀두었던 가시를 갑자기 세워서 화가 난 것을 알리는 가시복, 호랑나비 무늬의 가슴지느러미를 부채를 펴듯 활짝 펴서 깜짝 놀라게 하는 성대, 입을 크게 벌리면서 분홍빛의 몸 색깔을 순식간에 노랗게 바꾸어버리는 홍대치. 이러한 몸짓들은 무엇을 뜻하는 것일까?

싸우게 되면 적어도 둘 중 하나는 다치게 마련이다. 따라서 가장 바람직한 것은 싸움을 미리 막는 일이다. 싸우기에 앞서 자신의 투지를 분명히 보여줌으로써 서로 물고 뜯고 하는 것을 예방해보자는 물고기들의 지혜가 엿보이는 장면이다.

글을 정확하게 이해하기 위해 다섯 가지 질문에 답해보자.

Q1. 이 글은 몇 개의 문단으로 이루어져 있는가?

Q2. 문단의 중심 내용은 무엇인가?

Q3. 이 글의 형식은 무엇인가?

Q4. 이 글의 주제는 무엇인가?

Q5. 이 글의 제목은 무엇인가?

경험상 이 글을 읽은 한국인의 50~70%가 잘못된 결론에 도달한다. 세 번째 질문, 이 글의 형식은 무엇인가라는 질문에 응답자의 대략 50%가 미괄식, 30%가 두괄식이라고 답했으며, 20% 정도가 다른 형식으로 파악했다. 미괄식으로 본 사람들은 제목을 '물고기의 지혜'라고 붙이는 한편, 두괄식으로 본 사람들은 제목을 주로 '물고기의 의사소통' 등으로 붙인다. 사실 이 글은 초등학생이 보는 그림책에 나오는 정보 글이다. 그런데 대부분의 성인이 이렇게 쉬운 글을 보고도 '물고기의 지혜' 또는 '물고기의 의사소통' 두 가지로 정보를 인식하는 것이다. 이렇게 짧고 쉬운 글을 읽고 '물고기의 지혜'를 언급한 내용이라고 인식하는 사람과 '물고기의 의사소통'에 대한 정보라고 인식하는 사람으로 갈리는 것은 우리가 정보를 정확하게 이해하는 데 얼마나 어려움을 겪고 있는지를 단적으로 보여준다.

이제 이 글을 분석해보자.

Q1. 이 글의 첫째 문단은 '물고기는 말을 할 줄 모른다', '그러나 모습을 달리한다든지 색깔을 바꾸어 보임으로써 자신의 뜻을 전달한다' 이 두 문장으로 구성되어 있다. 여기까지 읽고 가장 먼저 해야 할 일은 '물고기는 말을 할 줄 모른다'가 더 중요한지, 아니면 '그러나 모습을 달리한다든지 색깔을 바꾸어 보임으로써 자신의 뜻을 전달한다'가 더 중요한지를 판단하는 것이다. 그리고 더 중요하다고 판단한 문장에 밑줄을 쳐서 표시한다.

물고기는 말을 할 줄 모른다. 그러나 모습을 달리한다든지 색깔을 바꾸어 보임으로써 자신의 뜻을 전달한다.

같은 방법으로 둘째 문단도 살펴보자.

보통 때는 가지런히 눕혀두었던 가시를 갑자기 세워서 화가 난 것을 알리는 가시복, 호랑나비 무늬의 가슴지느러미를 부채를 펴듯 활짝 펴서 깜짝 놀라게 하는 성대, 입을 크게 벌리면서 분홍빛의 몸 색깔을 순식간에 노랗게 바꾸어버리는 홍대치. 이러한 몸짓들은 무엇을 뜻하는 것일까?

중요한 부분은 '이러한 몸짓들은 무엇을 뜻하는 것일까?'라는 것을 알 수 있다. 가시복과 성대와 홍대치의 구체적인 몸짓은 이 물음을 위해 예로 든 것이기 때문이다. 마지막 문단도 이와 같은 방법으로 살펴보면 쉽게 중심 문장을 찾을 수 있다.

싸우게 되면 적어도 둘 중 하나는 다치게 마련이다. 따라서 가장 바람직한 것은 싸움을 미리 막는 일이다. 싸우기에 앞서 자신의 투지를 분명히 보여줌으로써 서로 물고 뜯고 하는 것을 예방해보자는 물고기들의 지혜가 엿보이는 장면이다.

이렇게 밑줄 친 부분이 세 부분이면, 이 글은 3개의 덩어리로 된 정보라는 말이 된다. 따라서 몇 개의 문단으로 이루어진 글인지 묻는 첫 번째 질문에 세 문단이라고 답할 수 있다.

Q2. 그리고 각 문단의 중심 내용을 묻는 두 번째 질문에는 다시 생각할 필요 없이, 밑줄 친 내용을 다시 한번 정리해서 자신의 말로 쓰면 된다.

첫째 문단: 물고기의 의사소통 방법
둘째 문단: 의사소통의 사례
셋째 문단: 의사소통 과정에서 보이는 물고기의 지혜

Q3. 형식을 묻는 것은 결국 이 정보의 가장 중요한 부분이 어디인지를 묻는 것이다. 따라서 위 중심 내용을 검토하면 자연스럽게 두괄식이라는 사실을 알 수 있다.

Q4. 주제에 답하는 것은 이미 세 번째 질문에서 결정이 난다고 해도 과언이 아니다. 만일 미괄식이라고 답했다면, 주제는 자연스럽게 '싸움을 막아보려는 물고기의 지혜' 등으로 흘러갈 것이다. 그러나 두괄식으로 정확하게 판단한 경우에는 '물고기는 몸짓이나 색으로 의사를 전달한다'라고 주제를 바르게 고를 수 있을 것이다.

많은 사람이 이 글을 미괄식으로 보고 '물고기의 지혜'라고 판단하는 경향이 있다. '지혜'라는 단어가 매우 좋은 뜻이기에, 반가운 나머지 그쪽으로 판단이 기울기 때문일 것이다. 그런데 만일 이 정보가 물고기의 지혜에 초점을 맞춘 것이라면 첫째 문단과 둘째 문단에서 물고기가 얼마나 지혜로운지 예를 들거나 자세히 설명했을 것이다. 예컨대, 물고기는 번식하는 방법이 지혜롭다거나 먹이를 먹는 방식이 지혜롭다는 등의 문장이 나와야 한다. 하지만 이 글은 단지 물고기의 의사 전달 방식에서 알 수 있는 지혜로운 한 부분을 다루었을 뿐이다.

Q5. 제목을 정하는 방법은 주제에서 중요한 단어를 2~3개 뽑거나 주제를 더욱 간결하게 줄이면 된다. 따라서 이 글의 제목을 '물고기'라고 달면 곤란하다. 이 제목은 글의 내용과 주제를 암시하기에는 지나치게 포괄적이기 때문이다. 따라서 '물고기의 의사 전달' 등으로 범위를 한정하면 적당하다.

글을 정확하게 이해하기 위한 구체적 방법으로 밑줄 치기와 다섯 가지 질문을 실제로 활용해보았다. 이처럼 글을 파악할 때 각 문단에서 가장 중요한 문장에 밑줄을 치는 방법을 꾸준히 훈련하면 어떤 정보든 빠르고 정확하게 파악할 수 있다.

그러면 다른 글을 보며 한 번 더 연습해보자. 위에서 제시한 방법대로 중요하다고 생각하는 부분에 밑줄을 치면서 다섯 가지 질문에 빠르게 답을 적어보기 바란다.

예문

모든 동물은 자라고 번식하는 데 먹이가 필요합니다. 그래서 동물들 사이에는 먹고 먹히는 관계가 형성됩니다. 우리는 이러한 관계를 먹이사슬이라고 부릅니다.

그러면 동물들은 어떻게 먹이 관계를 이루고 있을까요? 거기에는 일정한 법칙이 있습니다. 식물은 초식동물에게 먹힙니다. 그리고 초식동물은 육식동물에게 먹힙니다. 육식동물이 죽으면 썩어 식물이 자라는 데 필요한 거름이 됩니다. 예를 들면, 파리는 개구리의 먹이, 개구리는 뱀의 먹이, 뱀은 매의 먹이, 매가 죽으면 파리의 먹이가 됩니다.

이렇게 생태계의 모든 생물들은 서로 먹고 먹히는 먹이사슬 관계를 맺고 있습니다.

Q1. 이 글은 몇 개의 문단으로 이루어져 있는가?

Q2. 문단의 중심 내용은 무엇인가?

Q3. 형식은 무엇인가?

Q4. 주제는 무엇인가?

Q5. 제목은 무엇인가?

이 글을 분석해보자. 경험상 이 글에도 다양한 반응을 볼 수 있었다. 세 문단으로 이루어진 미괄식 글이라는 점과 생태계의 먹이사슬 관계가 주제라는 점, 제목을 '먹이사슬'이라고 붙이는 점에서는 대부분 의견이 일치했다. 하지만 문단의 중심 내용을 묻는 두 번째 질문에는 의견이 서로 달랐다. 첫째 문단의 중심 내용을 보는 시각이 세 가지로 나뉜 것이다.

> 모든 동물은 자라고 번식하는 데 먹이가 필요합니다. (40%)
> 동물들 사이에는 먹고 먹히는 관계가 형성됩니다. (25%)
> 우리는 이러한 관계를 먹이사슬이라고 부릅니다. (35%)

이렇게 문단의 중심 내용이 분명하게 드러나지 않을 경우에 그 정확성을 확인하는 가장 좋은 방법은 다른 문단의 중심 내용과 연관성이 있는지 살펴보는 것이다. 각각의 문장과 문단은 하나의 주제를 설명하기 위해 서로 논리적으로 연결되어 있기 때문이다. 즉 위 세 문장 중 첫째 문단의 중심 내용으로 적합한 것을 가려내기 위해서는 둘째 문단, 셋째 문단의 중심 내용과 연결해보아 그 논리성을 살피면 된다.

그럼 먼저 둘째 문단과 셋째 문단의 중심 문장을 찾아보자. 둘째 문단은 모두 여섯 개의 문장으로 이루어져 있다. 하지만 '식물은 초식동물에게 먹힙니다' 이하의 네 문장은 비중이 같은 문장을 나열하고, 예를 든 것이기 때문에 중심 문장으로 보기 어렵다. 결국 앞에 있는 두 문장 중 한 문장이 중심 문장이라는 말이 되는데, 이 두 문장은 질문을 던지고 답을 하는 형태이기 때문에 둘째 문장이 중심 문장이라는 사실을 알 수 있다.

> 그러면 동물들은 어떻게 먹이 관계를 이루고 있을까요? <u>거기에는 일정한 법칙이 있습니다.</u> 식물은 초식동물에게 먹힙니다. 그리고 초식동물은 육

식동물에게 먹힙니다. 육식동물이 죽으면 썩어 식물이 자라는 데 필요한 거름이 됩니다. 예를 들면, 파리는 개구리의 먹이, 개구리는 뱀의 먹이, 뱀은 매의 먹이, 매가 죽으면 파리의 먹이가 됩니다.

셋째 문단은 하나의 긴 문장으로 구성되어 있기 때문에 중요한 부분만 찾아 밑줄을 치면 된다.

이렇게 생태계의 모든 생물들은 서로 먹고 먹히는 먹이사슬 관계를 맺고 있습니다.

그러면 둘째 문단과 셋째 문단의 중심 문장을 첫째 문단의 중심 내용으로 보이는 각 문장과 연결해보자.

보기 1

1. 모든 동물은 자라고 번식하는 데 먹이가 필요합니다.
2. 거기에는 일정한 법칙이 있습니다.
3. 생태계의 모든 생물들은 서로 먹고 먹히는 먹이사슬 관계를 맺고 있습니다.

보기 2

1. 동물들 사이에는 먹고 먹히는 관계가 형성됩니다.
2. 거기에는 일정한 법칙이 있습니다.
3. 생태계의 모든 생물들은 서로 먹고 먹히는 먹이사슬 관계를 맺고 있습

니다.

보기 3

1. 이러한 관계를 먹이사슬이라고 부릅니다.
2. 거기에는 일정한 법칙이 있습니다.
3. 생태계의 모든 생물들은 서로 먹고 먹히는 먹이사슬 관계를 맺고 있습니다.

이렇게 세 가지 예를 보이고 다시 질문하면 보기 2가 가장 논리적이라는 사실이 금세 밝혀진다. 따라서 첫째 문단의 중심 내용은 '동물들 사이에는 먹고 먹히는 관계가 형성됩니다'이다.

중심 문장에 밑줄을 치고 문단과 문단의 중심 내용, 형식, 주제, 제목을 찾는 훈련은 무척 간단하지만 모든 지적 활동의 근본이 되는 언어를 올바르게 이해하는 힘을 길러준다. 그리고 이러한 힘이 진정한 실력을 쌓는 토대가 된다.

⑥ 글 분석을 좌우하는 판단력과 결단력

판단력

글을 정확하게 이해하기 위해서는 판단력이 필요하다. 판단력이 정확하지 못한 경우에는 가장 중요한 문장과 그보다 덜 중요한 문장을 잘못 판단해서 글쓴이가 의도하지 않은 엉뚱한 방향으로 결론을 내기 때문이다. 이는 시험을 떠나 인생을 살아가면서 심각한 문제를 일으킬 수 있다. 판단력이 부족하면 남의 글과 말을 받아들일 때 엉뚱하게 해석하기 때문에 여기저기에서 문제를 일으키는, 이른바 트러블 메이커가 될 수 있기 때문이다. 그런데 이런 지적 능력은 학교 성적과 크게 상관이 없을 수 있다. 학교 공부를 잘했어도 이런 능력이 없는 사람이 많고, 일류 대학을 나왔다고 해서 이런 능력이 보장되는 것도 아니다. 반면 성적이 별로 높지 못해도 정확한 판단력을 가진 사람은 남의 이야기를 듣고 있는 그대로 받아들이는 지혜로운 사람이다.

앞의 '먹이사슬'이라는 글로 그룹 훈련을 할 때 있었던 일이다. 그동안 아주 많은 그룹과 훈련을 했기 때문에, 나는 실습 진행과 토의 후 반응에 대체로 익숙했다. 그런데 지방의 어떤 그룹을 훈련할 때 의외의 반응이 나와 놀란 적이 있다. 한 젊은 여성이 둘째 문단의 중심 문장을 "식물은 초식동물에게 먹힙니다"라고 답했기 때문이다. 워낙 의외의 문장에 밑줄을 치기도 했지만, 그 여성의 지적 배경을 잘 알던 터라 더욱 놀랐다. 그녀는 미국에서 유학을 했으며 학자의 부인이기도 했다. 그래서 쉬는 시간에 왜 거기에 밑줄을 쳤는지 조용히 물어보았는데 그녀의 대답이 그럴듯했다. "어휴, 저 학교 다닐 때 국어 공부를 잘 못했어요. 그런 데다 제가 생물학을 전공했거든요. 초식동물 이야기가 나오니까 무척 반가워서. 쩝……." 우리는 박장대소하고 말았다.

이런 사례가 또 한 번 있었다. 서울에서 훈련할 때였다. 30대 중반의 잘생긴 남성 참석자가 둘째 문단의 중심 내용을 이야기하는데, "식물은 초식동물에게 먹힙니다"라고 외치는 것이다. 나중에 안 사실이지만 그분 역시 우리나라에서 가장 좋은 대학의 박사과정에 재학 중으로, 안타깝게도(?) 생물학을 전공했다.

중부지방의 한 소도시에서 훈련할 때는 약간 심각한 상황이 벌어지기도 했다. 참석자는 대부분 중년의 점잖은 지도자와 부인들이었는데, 그 가운데 초등학교 선생님이 한 사람 있었다. 그런데 그 선생님이 둘째 문단의 중심 내용을 묻는 질문에 "파리는 개구리의 먹이, 개구리는 뱀의 먹이, 뱀은 매의 먹이, 매가 죽으면 파리의 먹이가 됩니다" 하고 대답하는 것이 아닌가. 그와 동시에 분위기가 갑자기 냉랭(?)해졌다. 아무리 생각해도 그건 아닌 것 같은데, 학교 선생님이 강력하게 주장하니 점잖은 체면에 격론을 벌일 수도, 가만히 있을 수도 없는 상황이 되어버렸다.

나중에 알고 보니, 그 선생님은 초등학교 1학년 담임이었다. 그 사실을 알고 그분을 충분히 이해할 수 있었다. 그분은 아주 어린 학생들의 관심사에 눈높이를 맞추었기 때문에 파리, 개구리, 뱀 등의 이야기가 강한 인상을 준 것이다.

위의 예에서 볼 수 있는 것처럼, 우리의 판단력은 현재 내 관심사, 시각, 세계관 등의 영향을 많이 받는다. 그러므로 학문적 힘을 증진하기 위해서는 올바른 판단력을 기르는 것이 급선무이다. 학문을 익히고 지적인 힘을 기르는 궁극적인 목적은 학교 성적을 올리기 위한 것이 아니다. 이 사회의 구성원으로서 살아가는 데 꼭 필요한 능력을 길러주는 것이 더 중요한 목적이며, 그 결과로서 학교 공부를 잘하게 되는 것이다.

결단력

판단력과 아울러 글을 정확하게 읽는 데 중요한 요소가 결단력이다. 어떤 분상의 중요노를 판난하기 위해 많은 시긴을 들이지 않고 신숙히게 결정하기 위해서는 결단이 필요하기 때문이다. 사실상 오래 고민하는 것과 올바른 판단이 비례하지는 않는다. 정확한 판단은 판단 능력의 문제이지 시간의 문제가 아니다. 판단력과 결단력은 어느 정도 타고나지만, 꾸준히 훈련해 그 능력을 계발하면 얼마든지 향상할 수 있다.

❼ 신문 사설 글 분석

실생활에서 글 분석을 훈련하기 위해서는 신문 사설을 이용하면 효과적이다. 사설은 신문사의 주장을 내세워 여론을 형성하기 위해 싣는 논설문으로, 사회적으로 가장 논쟁거리가 되는 사안을 다루고 있다. 따라서 사설을 이용해 글 분석을 하면 최신 사회 주요 쟁점에 대해 뚜렷한 의식을 가질 수 있으며, 문제를 분석하고 논거를 들어 주장하는 과정을 자연스럽게 익힐 수 있다. 어떤 주제를 받더라도 자신의 생각을 풀어내는 힘을 얻게 된다는 말이다.

아침이나 저녁마다 신문에 나온 사설을 오려 노트에 붙이고 글 분석법에 따라 읽는다. 이때 제목을 따로 오려놓거나 가린 채로 글을 읽은 다음, 나중에 글 분석의 결과로 나온 제목과 일치하는지를 확인하는 방법도 있다. 처음에는 사설 하나를 분석하는 데 10분 이상이 걸리겠지만 날마다 꾸준히 훈련하면 3분 이내에 처리할 수 있는 능력이 생긴다.

8 글 분석법 실제로 해보기

다음 글을 ① 한눈에 들어오는 만큼 사선을 쳐서 묶은 뒤, ② 모르는 낱말에 네모를 치고, ③ 중심 내용에 밑줄을 치며 읽으세요.

교육부가 내놓은 장애인 특수교육 발전 방안은 장애인 복지에 대한 국가의 책임을 획기적으로 강화했다는 점에서 평가할 만하다. 21세기의 복지국가를 지향한다면서 장애인을 위한 투자와 관심을 빼놓을 수는 없다. 그런 점에서 2001년까지 장애아에게 100% 정규교육 혜택을 주겠다는 목표 설정과 여기에 총 7,000억 원을 쓰겠다는 계획은 설득력이 있다. 계획대로 실행하는 것이 문제일 뿐이다.

사실 우리나라는 경제지표상 선진국 진입을 눈앞에 두고 있으면서도 장애인 대책은 창피할 정도였다. 특히 사회생활을 하는 데 가장 기본이 되는 교육마저 장애인들은 소외되어왔다. 현재 유치원에서 고등학교까지 연령층 장애아 22만 5,000명 중 교육을 받고 있는 사람은 21%인 4만 8,000명, 대학교 연령층은 8만 6,000여 장애인 중 0.9%인 750명만이 대학 교육을 받는 실정이다. 특수학교는 109개교로 일본의 1/10, 그것도 사립학교 의존도가 66%로 대부분이 국공립인 일본과 대조적이다. 이런 낮은 교육 수혜율이 취업을 어렵게 만들어 이득의 생계까지 위협하고 있다.

그러나 무엇보다 장애인들을 견디기 어렵게 하는 것은 일반인의 잘못된 시선과 인식이다. 교육과 취업률이 낮은 문제도 근본 원인은 여기에 있다. 일반 학교 학부모들이 장애 학생과의 통합 교육을 싫어하거나 기업들이 법에 정해진 장애인 의무 고용률을 지키지 않는 것 등을 예로 들 수 있다. 심지어 국가 기관을 비롯한 공공단체도 장애인 편의 시설을 마지못해 전시용으로 설치하는 것이 현실이다. 장애인은 우리와 함께 살아가야 하며 도와야 할 이웃이라는 생각이 아주 미흡한 것이다.

특수교육 방안의 취지는 좋으나 장애인에게 공동체의 일원이라는 소속감을 갖게 하려면 일반인의 인식을 바꾸는 것이 선결 과제이다. 그러려면 유치원과 초등 과정부터 가급적 일반 학생과 장애 학생을 통합 교육해 그들도 똑같은 친구, 이웃이라는 의식을 심어줘야 한다. 장애인이 더 잘할 수 있는 일, 장애인도 할 수 있는 일을 적극적으로 찾아내 그들에게 생활 대책을 마련해 주는 정책도 필요하다.

본문 글자 수	1,019자
읽은 시간	초
1분당 읽은 글자 수	자

1. 몇 개의 문단으로 이루어져 있나요?

_____

2. 각 문단의 중심 내용을 쓰세요.

1문단: _____

2문단: _____

3문단: _____

4문단: _____

3. 이 글의 형식은 무엇인가요?

_____

4. 중심 생각을 쓰세요.

_____

5. 제목을 쓰세요.

_____

[해답 295페이지]

3 사실과 감정 구별하기

– 숨어 있는 정보를 찾아내는 글 감상법

① 감상의 중요성

글은 이해와 분석의 대상일 뿐 아니라 '감상'의 대상이다. 그런데 사람들은 감상이라는 말에 거부감을 느끼는 경우가 많은 듯하다. 입시 위주의 교육을 받아서 '감상=문학=국어 시험'이라는 인식이 자리 잡았기 때문이다. 그리고 문학을 배부른 사람의 한가로운 노래쯤으로 여겨 정보로서 실용적 가치가 없다고 판단하거나, 천재성을 지닌 특별한 사람의 전유물쯤으로 여기는 경우도 있다. 이는 모두 '감정'과 '문학'과 '감상'의 개념이 잘못 잡혀 있기 때문이다.

우리는 감정을 사실보다 열등한 것이라고 생각하는 경향이 있다. 그러나 감정이 없는 인간은 상상할 수 없다. 감정은 지성과 함께 인간을 구성하는 핵심 요소이다. 요즘은 오히려 감정이 사실보다 더 많은 영역에 퍼져 있고 영향력을 발휘하고 있다. 지능지수IQ보다 감성지수EQ가 더욱 주목받고 있지 않은가.

그리고 '기쁘다', '슬프다', '화나다' 등의 감정은 어떤 사실이나 어떤 사물에 대한 반응으로 일어나는 우리 내면의 움직임이지, 아무런 사실이 없는데 불쑥 일어나는 것은 아니다. 사실과 감정은 동전의 양면과 같다. 감정을 위주로 쓴 문학작품도 결코 사실을 떠난 감정을 노래하는 것이 아니다. 오히려 문학작품에서 어떤 사건을 더 사실적으로 반영하는 경우가 많다. 사실적인 자료를 완벽하게 첨부한 논문 한 편보다 소설 한 권이 더 많은 메시지를 남길 수도 있다.

예를 들어 전쟁이라는 문제를 다룰 때, 우리는 논문 형식을 빌려 전쟁의 원인은 무엇이고 인류의 전쟁 역사는 어떠했으며 전쟁에 투입된 군인의 수와 무기의 양, 사상자 규모와 피해 정도 등은 어떠했는지에 대해 쓸 수 있을 것이다. 그러나 이러한 논문에서 깨달을 수 없는 사실이 있다. 사실과 정보를 전달하는 글의 목적과 한계가 있기 때문이다. 전쟁과 관련한 사실을 자세히 전할 수는 있지만, 전쟁으로 일그러진 사람들의 삶을 그대로 보여주어 다른 사람들의 마음을 움직이지는 못한다.

하지만 문학은 인간의 감정까지 다룸으로써 어떤 사건에 더 사실적으로 접근할 수 있다. 사실에 근거를 두고 그 속에 녹아든 감정을 담아내기 때문에 감정을 이입해 대리 경험을 하게 함으로써 삶의 영역을 확장하고 정서를 풍부하게 해 인간의 삶을 변화시킨다. 따라서 문학작품을 감상할 때도 사실을 배제한다든지 주관적 감정에만 충실해서는 안 된다. 우리의 주관적 감정은 각자의 경험에 따라 다를 수 있는 것이어서 글쓴이가 그 작품에서 말하고자 하는 메시지를 제대로 받아들이지 못하고 색안경을 낀 채 볼 위험성이 크기 때문이다. 물론 메시지만 파악하고 거기에 따르는 감정을 느끼지 못하는 것 또한 큰 문제이다.

올바른 감상이란 사실fact과 메시지를 근거로 감정feeling을 충분히 느끼는 것이다. 그러면 정보를 주는 사실적인 글뿐 아니라 문학작품도 읽고 깊이 이해할 수 있다.

② 감상의 열쇠, 보물 찾기

시를 읽을 때 글쓴이가 무슨 이야기를 하려는지, 그 속에 숨은 의미를 찾아 들어가는 것이 시를 감상하는 방법이다. 우리의 상상력을 발휘해 시의 세계로 들어가 글쓴이의 마음으로 그 생각과 느낌을 받아들이고, 자기 나름대로 시에 숨은 생각과 느낌을 자기 것으로 만들어 기쁨, 슬픔, 환희, 고통 따위를 느끼고 감동을 받는다.

시·소설·수필 등의 문학작품이 어렵게 느껴지는 이유는 설명문이나 논설문처럼 직접적인 표현이 아니라, 각 장르의 독특한 형식에 따라 은밀한 표현 방식으로 썼기 때문이다. 따라서 문학작품을 읽을 때는 일반 글을 읽듯이 문단을 나누고 중심 문장을 찾을 것이 아니라, 숨겨진 보물을 찾듯 행간에 숨은 글쓴이의 의도를 찾아야 한다.

다음의 두 글을 읽고 그 의미를 알아보자.

1. 참행복은 물질의 많고 적음에 있는 것이 아니라 서로를 위해 주는 마음에 있다. 아무리 돈이 많다고 해도 서로 미워하는 마음이 가득하다면 행복감을 느낄 수 없을 것이기 때문이다. 그러나 반대로 조금 가난하다고 해도 서로가 아끼고 사랑하는 마음이 있다면 어려움이 있더라도 행복을 느낄 것이다.

2. 그들은 가난한 신혼부부였다. 보통의 경우라면 남편이 직장으로 나가고 아내는 집에서 살림을 하겠지만 그들은 반대였다. 남편은 실직으로 집 안에 있고 아내는 집에서 가까운 어느 회사에 다니고 있었다. 어느 날 아침, 쌀이 떨어져 아내는 아침을 굶고 출근을 했다.

"어떻게든지 변통을 해서 점심을 지어놓을 테니 그때까지만 참으오."

출근하는 아내에게 남편은 이렇게 말했다.

마침내 점심시간이 되어서 아내가 집에 들어와보니, 남편은 보이지 않고 방 안에는 신문지로 덮인 밥상이 놓여 있었다. 아내는 조용히 신문지를 걷었다. 따뜻한 밥 한 그릇과 간장 한 종지……. 쌀은 어떻게 구했지만 찬까지는 마련할 수 없었던 모양이다. 아내는 수저를 들려고 하다가 문득 상 위에 놓인 쪽지를 보았다.

"왕후의 밥, 걸인의 찬……. 이걸로 시장기만 속여두오."

> 낯익은 남편의 글씨였다. 순간, 아내는 눈물이 핑 돌았다. 왕
> 후가 된 것보다도 행복했다.
> 만금을 주고도 살 수 없는 행복감에 가슴이 부풀었다.
>
> ※출처: 김소운, 《가난한 날의 행복》

대부분의 사람이 글 1의 주제는 쉽게 찾는 반면, 글 2의 주제는 찾지 못한다. 앞에서 배운 글 분석법으로 살펴볼 때, 글 1의 중심 문장은 '참 행복은 물질의 많고 적음에 있는 것이 아니라 서로를 위해주는 마음에 있다'라는 첫째 문장임을 쉽게 알 수 있다. 하지만 글 2는 글 분석이 자연스럽게 되지 않는다. 중심 내용이나 중심 생각이 어느 부분에 있는지 찾기 어렵기 때문이다.

이러한 글은 밑줄을 쉽게 칠 수는 없지만 글 분석법을 이용해 그 내용을 파악할 수는 있다. 하지만 중심 내용이 나타나 있지 않으므로 재구성해야 한다. 그와 함께 놓치지 말아야 할 것이 바로 이 글을 읽고 느끼는 감상이다. 이러한 글을 읽을 때 글 분석에 집착하면 작품의 멋을 놓치게 된다. 이 주제를 말하기 위해 글쓴이가 어떤 소재를 동원해 어떤 표현 방법으로 나타냈는지도 보아야 한다는 말이다. 이것이 바로 정보를 제공하는 실용적인 글 분석과 다른 이유이다.

글 2의 등장인물은 '가난한 신혼부부'이다. 그리고 내용은 '쌀이 떨어진 어느 날'에 관한 이야기이다. 그런데 도대체 이런 이야기를 하는 글쓴이의 의도는 무엇이란 말인가. '아내가 참 안됐다'라는 말을 하기

위함인가, 아니면 '남편이 능력이 없다'는 것을 말하기 위함인가? 둘 다 아니다. 이 글의 숨겨진 보물은 남편의 편지를 본 아내가 '왕후가 된 것보다도 행복했다. 만금을 주고도 살 수 없는 행복감에 가슴이 부풀었다'라는 내용이다. 결국 이 글은 '참행복이 부유함에 있지 않다는 사실'을 효과적으로 설명하기 위해 '가난하지만 서로 위할 줄 아는 부부'의 이야기를 하고 있는 것이다.

이렇게 글 1과 글 2는 똑같이 '인간의 진정한 행복이 무엇인지'를 다루지만, 주제를 나타내는 표현 방식이 다르기 때문에 읽는 사람이 주제를 찾는 방식에도 차이가 난다.

③ 보물 찾기를 위해 알아야 할 것

어릴 때 소풍 가서 보물찾기를 한 경험이 있다. 보물찾기 시간이 나에게는 그리 즐거운 시간이 아니었다. 결국 찾지 못해 여러 개 찾은 친구에게 하나를 얻기도 했다. 지금 생각해보면, 그때 내가 보물을 찾지 못한 이유는 보물에 애착을 느끼지 못했기 때문인 것 같다. 그것이 그리 중요하게 느껴지지 않았으니 봐도 찾을 수 없었다.

글에서 보물을 찾는 것도 이와 마찬가지이다. 흔히 시와 소설을 향유하기 위해서는 전문적인 지식과 배경이 있어야 한다고 생각한다. 하지만 이러한 능력은 특정인에게만 있는 것이 아니다. 그럼에도 우리가 제대로 경험할 수 없는 이유는 우리 안에 그것을 향유할 능력이 없기 때문이 아니라, 구태여 그 보물을 찾을 필요를 느끼지 못하기 때문이다.

보물찾기는 분명히 숨긴 사람이 있고, 보물을 찾게 하는 데 목적이 있다. 누구나 관심을 가지면 보물을 찾을 수 있다. 정보 전달을 위주로 하는 글은 우리가 사는 데 필요하다고 느끼기 때문에 확실한 동기부여가 된다. 논술 시험을 준비하며 사설을 비롯한 논설문을 읽는 것, 시험 공부를 하기 위해 특정 이론을 담은 글을 읽는 것, 세탁기 사용 방법을 알기 위해 사용 설명서를 읽는 것 등이 바로 그 예이다. 이러한 글은 그 내용을 알게 하는 데 목적이 있기 때문에 우리가 글을 읽을 때 굳이 찾으려고 애쓰지 않아도 내용을 알 수 있다.

하지만 표현을 위주로 하는 문학작품을 읽는 것은 좀 다르다. 이러한 글은 내용을 알리기보다는 공감을 불러일으켜 우리에게 미를 느끼게 하고 교훈을 준다. 그러므로 똑같은 내용이라도 표현하는 방법이 매우 다양하다. 그래서 이러한 글은 보물 찾기를 해야 한다. 글쓴이가 감춰놓은 보물을 찾아야 비로소 이 글을 제대로 이해할 수 있다.

문학작품은 전체를 한꺼번에 읽는 것이 도움이 된다. 시와 단편소설, 수필은 단번에 읽을 수 있으므로 문제가 되지 않으나 장편소설은 읽는 데 시간이 걸린다. 그렇다 해도 가능한 한 빨리 읽어 글의 전체 내용을 볼 수 있어야 한다. 그래야 글의 주제를 파악하기 쉬우며, 글의 각 부분이 주제와 긴밀히 연결되어 있다는 것을 알 수 있다. 또 글쓴이나 그 글의 주인공과 하나가 되지 못하면 내용을 제대로 알기 어렵고, 더 나아가 감상은 더욱 요원한 일이 되고 만다.

④ 보물 찾기 1 – 상상하기

문학작품을 감상하는 보물 찾기의 첫 번째 단계는 이 작품에서 보물은 과연 무엇인지를 알아내, 그 보물의 의미를 여러 가지로 상상해보는 것이다. 이때 상상을 가능하게 하는 것은 자신이 가진 상식이나 그 글 자체일 것이다.

자신이 가진 상식이나 그 글 자체로 상상해보는 것은 중요하다. 이런 과정을 거치지 않고 곧바로 남의 감상을 보면 자기 스스로 작품을 감상할 수 있는 능력을 영원히 지닐 수 없기 때문이다. 그것은 어디까지나 남의 감상이지 자신의 감상이 아니므로 우리의 정서에 실제적인 영향을 미치지 못한다.

그런데 우리나라 문학 교육은 참고서에 실린 감상을 가지각색 펜으로 밑줄을 치며 외우는 데 그치는 형편이다. 그렇기 때문에 중·고등학교에서 수많은 문학작품을 접해도 실제로 시 한 편, 소설 한 편도 제대로 감상하지 못하는 것이고, 이런 얄팍함이 노벨 문학상은 바라볼 엄두도 못 내게 한다.

문학작품을 제대로 감상하기 위해서는 먼저 그냥 두어 번 읽어보자. 그러고 나서 제목이나 본문에서 여러 번 나오는 단어 또는 구절에 밑줄을 친다. 제목으로 내세우거나 여러 번 반복한다는 것은 글쓴이가 그만큼 중요하게 생각하기 때문이다. 이렇게 했으면 이제 그 단어나 구절의 의미를 이리저리 생각해보고, 자신은 그것을 어떤 뜻으로 받아들이는지를 적어본다. 그리고 이 글의 다른 부분에서는 이것을 어떻게 설명하고 있는지를 찾아본다.

내가 잠시 낙향落鄕해서 있었을 때 일.

어느 날 밤이었다. 달이 몹시 밝았다. 서울서 이사 온 뒷마을 김 군을 찾아갔다. 대문은 깊이 잠겨 있고 주위는 고요했다. 나는 밖에서 혼자 머뭇거리다가 대문을 흔들지 않고 그대로 돌아섰다.

맞은편 집 사랑 툇마루에 웬 노인이 한 분 책상다리를 하고 앉아서 달을 보고 있었다. 나는 걸음을 그리로 옮겼다. 그는 내가 가까이 가도 별 관심을 보이지 아니했다.

"좀 쉬어 가겠습니다."

하며 걸터앉았다. 그는 이웃 사람이 아닌 것을 알자,

"아랫마을서 오셨소?"

하고 물었다.

"네, 달이 하도 밝기에……."

"음! 참 밝소."

허연 수염을 쓰다듬었다. 두 사람은 각각 말이 없었다. 푸른 하늘은 먼 하늘에 덮여 있고, 뜰은 달빛에 잠겨 있었다. 노인이 방으로 들어가더니, 안으로 통한 문소리가 나고 얼마 후에 다시 문소리가 들리더니, 노인은 방에서 상을 들고 나왔다. 소반에는 무청김치 한 그릇, 막걸리 두 사발이 놓여 있었다.

"마침 잘됐소. 농주農酒 두 사발이 남았더니……."

하고 권하며, 스스로 한 사발을 쭉 들이켰다. 나는 그런 큰 사발의 술을 마셔본 적이 일찍이 없었지만 그 노인이 마시는 바람에 따라 마셔버렸다.

이윽고

"살펴 가우."

하고 노인의 인사를 들으며 내려오다 돌아보니, 노인은 그대로 앉아 있었다.

※출처: 윤오영,〈달밤〉,《중학생을 위한 산문 50선》

Q1. 이 글은 몇 개의 문단으로 이루어져 있는가? 세 문단

① 내가 잠시 ~ 아니했다.

② 좀 ~ 마셔버렸다.

③ 이윽고 ~ 앉아 있었다.

Q2. 문단의 중심 내용은 무엇인가?

① 내가 김 군을 찾아갔다가 못 만나고 돌아오는 길

② 우연히 노인을 만나 달빛의 아름다움과 따뜻한 인정을 느낌

③ 노인과 작별함

Q3. 형식은 무엇인가? 무괄식

Q4. 주제는 무엇인가?

　달빛 속에 피어나는 사람 사이의 아름다운 정

Q5. 세복은 무엇인가? 날밤

　이 글은 글쓴이가 김 군을 찾아갔다 못 만나고 돌아오는 길이 도입부, 우연히 노인을 만나 따뜻한 인정을 체험하는 내용이 분위기의 정점, 노인과 작별하는 장면이 결말. 이렇게 세 부분으로 되어 있다. 문단 구분은 가능하지만 중심 내용에 밑줄을 치기는 어렵다. 글 속에 중심 내용들이 숨어 있기 때문이다. 즉 함축적 의미를 담고 있기에 드러나지 않은 것이다. 글쓴이는 자신이 표현하려는 것을 행동과 대화로 보여줄 뿐, 중심 문장으로 요약해 나타내지 않았다.

　이런 정서적 느낌을 위주로 표현하려는 글에서는 중심 문장이 나타나지 않는 무괄식 구성이 많다. 중심 생각인 주제도 마찬가지이다. 겉으로 드러나 있지 않고 글 속에 잠재되어 있다. 그러므로 읽는 이가 중심 생각을 재구성해야 한다.

　이 작품에는 우선 '달'이라는 단어가 자주 등장한다. 그것으로 보아 '달'이 이 작품에서 의미 있는 소재임을 알 수 있다. '달'은 나와 노인을 이어주는 매개체가 된다. 그래서 이야기가 전개될 수 있었다. 이런 모습을 상상하면, 이 작품이 달빛 비치는 시골 풍경을 배경으로 독특한 분위기와 정감을 빚어낸 사실을 알 수 있다.

　가장 큰 감동을 주는 부분은 역시 달빛의 밝음, 밤의 고요함, 노인의 정이 어우러진 둘째 단락이다. 극단적일 만큼 말수를 줄이고, 마치 한

폭의 풍경화처럼 펼쳐지는 시골 달밤의 무르익은 정감을 느낄 수 있다. 이런 부분이 정보 전달을 목적으로 하는 글과 다른 점이다.

글자와 단어와 문장을 따라가면서 글의 의미를 알아가기보다는 글 속에 숨은 느낌을 상상하며 찾아내야 글을 제대로 볼 수 있다. 자신이 글쓴이가 되어 그 노인을 만나는 모습을 상상해보자. 전혀 모르던 사람이 '달'이라는 공통 소재로 만났다. 그래서 인간적 관계를 맺는 모습을 그려보자. 얼마나 따뜻한가! 이런 것까지 찾아내야 글을 비로소 알 수 있다.

단순히 달빛의 아름다움이나 노인과 화자의 만남을 나타내려고 한 것이 아니다. 글쓴이는 자신의 경험을 바탕으로 '자연 속에서 피어나는 인간의 아름다운 정'을 형상화하기 위해 이 글을 쓴 것이다. 이런 종류의 글을 감상하는 데는 글의 짜임새를 살펴보는 글 분석뿐 아니라 소재들 자체가 주는 분위기와 정서, 즉 느낌에 초점을 맞추고 음미하는 태도가 필요하다. 그만큼 문학적인 글은 뜻의 전달보다 감동과 감성의 환기에 의미를 두고 있다.

5 보물 찾기 2 – 객관적 자료 참고하기

문학작품을 읽을 때 상상하는 것만으로는 작품을 제대로 감상할 수 없다. 상상이라는 것은 주관적이기 때문에 잘못 이해할 수도 있으므로 객관적인 사실을 알려주는 자료를 참고해야 한다. 즉 보물찾기를 할 때 보물이 있는 장소를 잘못 기억하고 있다거나 '저기 보이는 저 섬 어딘가' 하고 대충 짐작만 해서는 보물을 찾을 수 없으므로, 보물이 묻힌 장소를 표시해놓은 지도나 어떤 구체적인 표시를 참고해야 한다. 이때 참고할 수 있는 객관적인 자료에는 크게 단어의 보편적 의미, 글쓴이에 관한 정보, 그 작품의 시대적 공간적 배경 정보 등이 포함될 것이다.

단어의 보편적 의미를 찾아보아야 하는 이유는 우리가 알고 있는 낱말의 의미와 느낌이 개인의 독특한 경험에 따라 다를 수 있기 때문이다. 그런데도 자신의 생각대로 작품을 읽다 보면 글쓴이의 의도를 온전히 이해할 수 없다. 그러나 사전에는 보편적 해석이 들어 있기 때문에 자신의 잘못된 견해를 바로잡을 수 있다.

글쓴이와 글을 쓴 시대적 배경을 아는 것도 중요하다. 글이란 글쓴이의 고유한 생각을 표현하는 것이기 때문에 글쓴이에 관해 알면 왜 그런 작품을 썼는지를 쉽게 추리할 수 있다. 또 사람은 당연히 그 시대에 영향을 받기 때문에 글쓴이가 살았던 시대를 아는 것도 도움이 된다. 낯선 곳에 가서 낯선 사람의 말을 들으면 단번에 알아듣기 힘들지만, 친한 친구의 말은 제대로 듣지 못해도 그 내용을 잘 알 수 있는 것과 마찬가지이다.

⑥ 보물 찾기 3 – 비교·정리하기

작품을 감상하는 보물 찾기의 마지막 단계는 처음에 자신이 상상한 것과 자료를 찾아 참고해본 것 사이에 어떤 차이가 있는지를 확인하면서 그 의미를 되새겨보는 것이다. 이 단계는 더욱 심화된 감상이 가능하기 때문에 이런 과정을 반복하면 작품 감상 능력이 크게 향상한다. 자신이 상상한 것과 자료에서 참고한 것 사이의 차이를 줄이는 데 효과를 볼 수 있다는 말이다. 시를 암송하면서 그 의미를 되새기는 작업이 여기에 속한다.

7 보물 찾기 실습

한용운의 시 〈님의 침묵〉을 감상하며 보물을 찾기 위한 세 단계(상상하기, 객관적 자료 참고하기, 비교 · 정리하기)를 실습해보자.

예문

님의 침묵

님은 갔습니다. 아아, 사랑하는 나의 님은 갔습니다.

푸른 산빛을 깨치고 단풍나무 숲을 향하여 난 작은 길을 걸어서 차마 떨치고 갔습니다.

황금의 꽃같이 굳고 빛나던 옛 맹세는 차디찬 티끌이 되어서 한숨의 미풍에 날려갔습니다.

날카로운 첫 키스의 추억은 나의 운명의 지침을 돌려놓고 뒷걸음질 쳐서 사라졌습니다.

나는 향기로운 님의 말소리에 귀먹고 꽃다운 님의 얼굴에 눈멀었습니다.

　사랑도 사람의 일이라 만날 때에 미리 떠날 것을 염려하고 경계하지 아니한 것은 아니지만, 이별은 뜻밖의 일이 되고 놀란 가슴은 새로운 슬픔에 터집니다.

　그러나 이별을 쓸데없는 눈물의 원천으로 만들고 마는 것은, 스스로 사랑을 깨치는 것인 줄 아는 까닭에, 걷잡을 수 없는 슬픔의 힘을 옮겨서 새 희망의 정수박이에 들어부었습니다.

　우리는 만날 때에 떠날 것을 염려하는 것과 같이 떠날 때에 다시 만날 것을 믿습니다.

　아아, 님은 갔지만 나는 님을 보내지 아니하였습니다.

　제 곡조를 못 이기는 사랑의 노래는 님의 침묵을 휩싸고 돕니다.

상상하기

　이 시를 감상하는 열쇠가 되는 보물은 무엇이라고 생각하는가? 대부분은 '님'이라는 낱말에 밑줄을 쳤을 것이다. 표면적으로 볼 때 이 시의 내용은 '님과의 이별'을 노래하는 것으로, '님은 나를 버리고 갔지만 나는 결코 님을 떠나보내지 않고 계속해서 사랑하겠다'는 것이다.

　그렇다면 이 시에서 반복되어 나오는 님이라는 말의 뜻은 무엇인가?

선생님, 부모님 할 때처럼 님이라는 높임 뜻을 더하는 접미사인가, 아니면 사랑하는 사람을 이야기하는 님이라는 말인가? 그렇다면 구체적으로 님은 누구라는 말인가? 또 이 시를 읽었을 때는 어떤 생각이 들었는가? 님을 '사랑하는 사람'으로 생각했다면 아마도 자신을 버리고 간 애인을 떠올리며 슬픔에 잠긴 사람도 있을 것이고, 이 시의 화자처럼 희망을 잃지 말고 기다려야겠다고 결의를 다진 사람도 있을 것이다. 그런데 이 시를 쓴 한용운도 그렇게 생각했을까?

객관적 자료 참고하기

이 시를 쓴 한용운에 관한 자료를 찾아보면 몇 가지 흥미로운 사실을 알아낼 수 있다. 한용운은 조국과 민족의 자유와 평화를 위해 평생을 바친 혁명 투사요, 불교 사상가였다. 그리고 〈님의 침묵〉은 3·1운동이 실패로 끝난 뒤인 1920년대에 쓰였다. 이런 자료를 바탕으로 우리는 한용운이 노래한 '님'은 단순히 사랑하는 이성을 가리키는 것이 아니라 '잃어버린 조국'이고 '님은 갔습니다'라는 표현은 '오지 않는 자주독립, 실패로 끝난 3·1운동'을 의미하고, '님에 대한 사랑'은 '애국심, 신앙심'이라는 사실을 알 수 있다.

비교·정리하기

이제 남은 과정은 자신이 상상한 것과 객관적 자료에서 찾은 사실을 서로 비교하는 것이다. 님은 어떻게 해석하는기에 따라서 시 전체를 감상하는 데 아주 큰 차이가 난다는 사실을 알았을 것이다. 그러면 지금까지 알게 된 여러 가지 사실을 기억하며 시를 다시 읽어보자.

8 글 감상법 실제로 해보기

예문

다음 글을 ① 한눈에 들어오는 만큼 사선을 친 뒤, ② 모르는 낱말에 네모를 치고, ③ 중심 내용을 생각하며 읽으세요.

전라도 길
-소록도로 가는 길

한하운

가도 가도 붉은 황톳길
숨 막히는 더위뿐이더라

낯선 친구 만나면
우리들 문둥이끼리 반갑다

천안天安 삼거리를 지나도
수세미 같은 해는 서산에 남는데

가도 가도 붉은 황톳길
숨 막히는 더위 속으로 절름거리며 가는 길

신을 벗으면
버드나무 밑에서 지까다비를 벗으면
발가락이 또 한 개 없어졌다

앞으로 남은 두 개의 발가락이 잘릴 때까지
가도 가도 천 리千里 먼 전라도 길

본문 글자 수	188자

1. 이 시의 줄거리를 쓰세요.

_____

_____

2. 시를 읽으며 내용을 상상해보세요.

_____

_____

3. 이 시와 관계있는 참고 자료를 찾아 읽으세요.

_____

_____

4. 참고 자료에 비추어 자신의 생각을 정리하세요.

_____

_____

_____

_____

_____

_____

4

전체를 본 후, 부분 보기

– 정보를 조직화하는 고공 학습법·상관관계 학습법

① 질서화의 중요성

정보처리를 크게 입수·고도화·표출의 세 단계로 나눌 때, 두 번째 단계인 정보 고도화를 위해서는 가장 먼저 입수한 정보를 질서화하는 작업이 필요하다. 정보를 질서화한다는 것은 일정한 기준에 따라 정보를 분류classification하고 정리sorting하는 것으로, 질서화한 정보와 그렇지 않은 정보는 똑같은 정보이지만 질적인 면에서 차이가 크다. 아무런 가치가 없던 정보도 분류와 정리 과정을 거치면 가치 있는 정보로 변한다.

컴퓨터 파일을 정리하는 일을 예로 들어보자. 컴퓨터에 자료를 저장한다고 해서 파일을 마구잡이로 만들어 아무 데나 넣어두면 어떻게 될까? 아마도 필요한 파일을 찾을 때마다 컴퓨터 전체를 뒤져야 하고, 자신이 아닌 다른 사람은 아예 찾을 엄두조차 내지 못할 것이다. 그러나 일의 성격에 따라 폴더를 나누고 일정한 법칙 아래 파일 이름을 정해 분류해놓으면 훨씬 효율적으로 컴퓨터를 사용할 수 있고, 그 컴퓨터 안에 들어 있는 파일에 담긴 내용은 더욱 가치를 발할 것이다.

이렇게 정보를 질서화하는 것은 실생활의 많은 부분에서 꼭 필요한 작업이다. 이것이 바로 지혜이고, 지식을 운용할 수 있는 힘이다. 그런 힘을 기르는 훈련을 하는 것이 많은 지식을 머릿속에 집어넣는 것보다 훨씬 더 중요하다.

② 정보의 질서화 – 전체를 본 후, 부분을 보는 것

정보를 질서화하는 방법은 '전체를 본 후 부분을 보는 것'으로, 우리 속담을 현대화해 표현하자면 나무를 보고 숲을 못 보는 근시안적 사고에서 벗어나 '숲을 먼저 보고 나무를 본다'고 할 수 있다. 이것을 다시 두 가지, 즉 전체를 보는 것과 부분을 보는 것으로 나누어 살펴볼 수 있다.

전체를 보는 지혜: 고공 학습법

전체를 보는 것의 중요성은 퍼즐 놀이를 생각하면 쉽게 이해할 수 있다. 1,000조각의 퍼즐이 있다고 하자. 이 퍼즐을 맞추려면 어떻게 해야 할까? 그것을 효율적으로 맞출 수 있는 사람은 전체 그림을 먼저 본 사람이다. 이처럼 어떤 일을 맡았을 때 그 일에 얽매여 처리하는 데 급급하기보다 전체 상황을 숙지하고 변화에 대처하는 사람이 정말 실력 있는 사람이다.

공부도 마찬가지이다. 초등학교 때는 지식이 몇 조각 안 되기 때문에 대충 해도 잘하는데, 중·고등학교 때는 그 조각이 많아져 공부를 잘하기가 쉽지 않다. 그러나 전체를 보는 힘을 가진 사람은 지식 조각이 많더라도 별문제가 되지 않는다. 그렇기 때문에 하나하나의 지식 조각보다는 먼저 지식을 전체로 엮을 수 있는 훈련이 필요한데, 그 방법이 바로 '고공 학습법'이다. 고공 학습법이란 지도를 그릴 때 비행기에서 아래를 내려다보면서 작업을 하듯이, 어떤 정보를 처리할 때 위에서 내려다보듯 전체를 꿰뚫는 법칙을 찾아 정리하는 방법이다. 그리고 이때 필요한 것이 바로 '고공표'이다.

부분을 보는 지혜: 상관관계 학습법

'상관관계 학습법'이란 정보 사이에 관계를 밝혀냄으로써 그 정보를 더욱 명확히 이해하는 방법이다. 전체를 이루는 부분이 유기적으로 얽혀 있기 때문에 일상생활에서 부딪히는 모든 문제를 관찰해보면 그 사이에 연결 고리가 존재하는 것을 알 수 있다. 각각의 퍼즐이 상하좌우의 다른 퍼즐들과 맞물려 전체의 한 부분을 이루는 것과 같다. 따라서 부분을 잘 보기 위해서는 각각의 정보와 문제 사이에 존재하는 이런 연결 고리를 잘 알아차려야 한다. 연결 고리를 찾은 사람은 그 연결 고리를 중심으로 앞뒤의 문제를 풀어가게 되고, 그 과정에서 내용은 더욱 선명해진다.

상관관계를 파악하기 위해서는 이미 그려놓은 고공표를 보면서, 마치 고구마를 캐듯 각 개념의 연관 관계를 파헤쳐보는 것이 중요하다. 고공표를 관찰하면서 이러한 상관관계를 파악하는 힘을 기를 수 있다. 예컨대 시대별로 경제제도가 어떤 관계를 맺으면서 변해가는지, 문화가 어떤 관계를 맺고 있는지 등을 찾아내는 것이다.

❸ 정보 질서화의 구체적 효과

전체를 본 후 부분을 보면 못 보던 것을 볼 수 있고, 해결하지 못하는 문제를 해결하게 되며, 암기하는 데에도 도움이 된다.

못 보던 것을 보게 해준다

신문 기사에서 밍크코트를 선전하는 광고를 보았다고 하자. 대부분의 여성은 단순히 옷 광고나 유행 정보에 따라 '멋지군. 나도 한 벌 살까?' 하고 생각할 것이다. 그러나 밍크코트 한 벌을 만들기 위해서는 수많은 밍크가 희생되고 이 때문에 생태계가 파괴되고 있다는 기사와 지금도 지구촌 곳곳에는 굶주림에 시달리다 죽어가는 사람이 많다는 정보가 함께 실려 있다면 굳이 밍크코트를 사려고 하지 않을 것이다. 이처럼 고공 학습법과 상관관계 학습법은 전체 모습을 본 다음 부분적인 것을 봄으로써 미처 발견하지 못한 것을 보게 하는 역할을 한다.

해결하지 못하는 것을 해결해준다

퍼즐 조각만 보고 어떻게 끼워 맞추어야 하는지 모르는 사람에게 그 퍼즐의 완성된 모습을 보여주면 그 사람은 곧바로 퍼즐을 맞추어나갈 것이다. 전체 모습을 봄으로써 각각의 조각이 어디쯤에 위치하는지를 알아냈기 때문이다.

어떤 문제나 현상을 볼 때도 이와 마찬가지이다. 그 문제만을 따로 떼어놓고 보면 그 문제 외에는 아무것도 보이지 않는다. 하지만 그 문제가 일어난 원인과 배경, 관련사건 등 그 문제를 둘러싼 전체 모습을 보면 이후에 일어날 문제라든지, 그 문제를 해결할 방법 같은 것을 자연스럽게 파악하게 된다.

암기하는 데 도움을 준다

정보의 위치를 기억하면 당연히 암기하는 데 도움이 된다. 서로 비교하거나 대조할 수 있는 고공표는 한 부분을 보고 나머지를 알게 하는 효과가 있다.

④ 전체를 보는 고공 학습법 – 고공표 만들기

고공 학습법으로 정리한 표를 고공표라고 한다. 고공표 만드는 방법을
알아보자

책 한 권을 한 장으로

고공표를 만드는 목적은 전체 내용을 한눈에 보는 것이기 때문에 책
전체 내용을 한 장의 표로 만드는 것이 원칙이다. 고공표를 작성하는
것은 자신의 능력을 정확하게 파악하는 것으로 자기한테 꼭 맞는 맞춤
옷을 만드는 것과 같으므로 그것을 만드는 데 시간이 필요하다. 일단
작성한 표를 이용하면 정보를 더 빨리 정리할 수 있기 때문에 전체적
으로 볼 때 훨씬 효과적이다.

큰 것부터 작은 것, 성근 것부터 촘촘한 것으로

고공표는 큰 것부터 작은 것, 성근 것부터 촘촘한 것으로 만들어가야
한다. 제일 처음에 책 전체를 조망하는 고공표를 작성하고, 그다음에는
각 장별로 요약하는 고공표를 그리면 된다. 그러면 책 전체를 알 수 있
는 고공표와 그 부분의 내용을 알 수 있는 고공표를 그릴 수 있다.

표·지도·그림 등 여러 가지 모양 활용

고공표의 모양은 여러 방식으로 자유롭게 활용할 수 있으나 크게 세 가지 정도로 나눠볼 수 있다. 첫 번째 방식은 가장 일반적으로 쓰는 표 형식으로, 정보 내용을 자신의 말로 정리하는 것이다. 이때 표는 직선으로 이루어진 사각의 표가 될 수도 있고, 공부한 내용과 관계있는 그림틀이 될 수도 있다. 그 밖에 단원 제목이나 중심어를 종이 한가운데에 쓰고 가지를 치며 내용을 적어 넣는 지도 방식도 가능하며, 내용을 간단한 그림으로 나타내는 방식도 있다.

⑤ 부분을 보는 상관관계 학습법 – 연결 고리 찾기

전체를 이루는 각각의 부분은 유기적으로 연결되어 있다. 따라서 고공표를 만들어 전체를 본 다음에 해야 할 일은 각 부분이 유기적으로 어떤 관련성이 있는지 그 연결 고리를 찾아내는 일이다. 각 부분의 연결 고리를 찾는 방법을 알아보자.

반복되는 말 찾기

우리는 고공표에 나타난 각 부분에 반복되어 나타나는 말을 찾음으로써 각 부분이 어떤 연결 고리에 따라 관련을 맺고 있는지 알 수 있다.

예를 들어 우리나라 역사를 고공표로 만들었을 때, 시대마다 토지제도라는 말이 반복되어 나타난다면 우리나라 역사를 이해하는 데 토지제도는 매우 중요한 역할을 하며, 시대에 따라 토지제도가 변했을 것이라는 사실을 유추할 수 있다.

공통점과 차이점 알아내기

각 부분의 연결 고리를 찾기 위한 또 하나의 방법은 각 정보에서 지속적으로 등장하는 공통점이나 확연히 구분되는 근본적인 차이점을 찾아내는 것이다. 우리나라 역사 고공표에서 시대마다 토지제도라는 항목이 등장할 경우, 시대별 토지제도의 공통점과 차이점이 본질적으로 어떤 원인으로 생긴 것인지를 알아보면 된다.

접속어를 넣어 문장으로 연결하기

각 부분의 연결 고리를 찾기 위한 또 다른 방법은 각각의 부분적 정보를 접속사를 이용해 하나의 문장으로 연결해보는 것이다. 접속사는 2개 이상의 정보를 그 성격에 맞게 연결하는 말로 그리고, 그런데, 그러나, 하지만, 그래서, 왜냐하면 등이 있다. 이러한 접속사를 이용해 각각의 부분적 정보를 연결해보면 이 각각의 부분적 정보들이 어떤 관련성을 바탕으로 묶여 있는지를 금방 알 수 있다. 다음의 고공표로 확인해보자.

부르는 말	언어	뜻	
		말의 뜻	배경
차이홍彩虹	중국어	용이나 큰 짐승, 또는 벌레의 창자	벌레를 의미하는 '충' 자를 더함
레인보rainbow	영어	비가 만든 활	비가 온 뒤 무지개가 나타나므로 비는 화살, 무지개는 그 화살을 쏠 활이라고 생각함
아르캉시엘 arc-en-ciel	프랑스어	하늘의 큰 문	아르는 '아치', 즉 개선문처럼 둥근 모양을 일컫는 말임
무지개	한국어	물지개	– 무＝물 – 지개＝문 – 무지개＝물의 문, 비의 문

위의 고공표에서 우리는 이 글이 크게 4개의 정보로 되어 있음을 알
수 있다. 그러면 먼저 4개로 나뉜 정보들을 하나로 묶어보자. 다음과 같
이 묶을 수 있을 것이다.

중국 사람은 무지개를 용이나 큰 짐승, 또는 벌레의 창자 같은 것으로
보고 무지개를 뜻하는 한자에 벌레를 의미하는 '충' 자를 더했다.
그런데 영어로는 무지개를 레인보라고 표현하는데, 레인보란 '비가 만
든 활'이라는 뜻이다. 비가 온 뒤 활처럼 둥글게 굽은 무지개가 나타나
므로, 비는 화살, 무지개는 그 화살을 쏠 활이라고 생각했다.
하지만 프랑스어로는 무지개를 아르캉시엘이라고 하는데, 이 말은 '하
늘의 큰 문'이라는 뜻이다.
그리고 우리말 무지개는 '물지개'라는 뜻이다. 지개란 문을 뜻하는 옛

말이고, 무는 물이라는 뜻이 있어 '물(비)의 문'이라는 의미이다.

아마도 이 고공표의 원문은 위에 정리한 것보다 훨씬 길었을 것이다. 하지만 고공표로 요점만 간단히 정리하면 내용을 쉽게 이해할 수 있다. 이를 통해 우리는 '무지개'를 표현하는 소리와 뜻이 각 나라의 언어마다 다른 것을 알 수 있다. 자연은 그것을 관찰하고 이용하는 사람들의 처지에 따라 다양하게 받아들여지기 때문이다.

⑥ 고공 학습법과 상관관계 학습법의 활용

사회·역사 정보를 다루는 데 가장 효과적

고공 학습법과 상관관계 학습법은 모든 분야의 학습에 적용할 수 있지만, 역사적·사회적 정보를 정리할 때 특히 효과적이다.

우리는 학교에서 많은 시간 동안 사회와 역사를 배웠고, 시험도 여러 차례 치러서 몇 년에 무슨 사건이 일어났는지 줄줄 꿰고 있다. 하지만 자신만의 역사관을 가진 사람은 그리 많지 않다. 그 이유는 어떤 학문의 세계를 접할 때 전체를 본 다음 부분을 보지 않기 때문이다. 전체를 보는 능력이 없고 부분의 각각 상관성을 알아내는 능력도 없기 때문이다.

그러므로 역사와 사회를 학습하며 지식을 습득하는 것뿐 아니라, 그 내용이 어떤 의미를 가지는지를 함께 파악하는 법을 익혀야 한다. 그 방법이 바로 고공 학습법과 상관관계 학습법이다.

모든 정보를 다루는 데 적용

고공 학습법과 상관관계 학습법은 사회와 수학 등 입시를 위한 학교 공부를 하는 데만 적용할 수 있는 학습법이 아니다. 대학에서 어떤 주제를 깊이 있게 연구하거나, 직장에서 필요한 책을 읽고 정리할 때도 얼마든지 활용할 수 있다. 서점에서 책을 살 때도 마찬가지이다. 우리는 책을 살 때 대개 머리말과 차례, 후기를 훑어보며 책의 내용을 대충 파악한다. 고공 학습법과 상관관계 학습법을 적용하는 셈이다. 이러한 습관이 몸에 배면 어떤 공부를 하든지 그런 방법으로 할 수 있다.

고공 학습 능력은 학문 분야에 국한되지 않는다. 가정이나 회사 등 하나의 조직체를 이끌어갈 때도 유용하다. 전체를 본 후 부분을 보는 능력이 부족해 해결책을 찾지 못하고 허덕이는 예는 우리 생활 주변에서 얼마든지 찾을 수 있다. 우리나라에서는 1995년 삼풍백화점이 무너지는 큰 사고가 있었다. 그때 한 여성은 일찍 발견되었는데도 구출 작업이 늦어지는 바람에 목숨을 잃고 말았다. 그 여인을 처음 발견한 사람이 구조대 전체에 그 사실을 알리지 않았기 때문이다. 수많은 단체에서 수많은 사람이 몰려와 구조 활동을 벌이고, 각자 열심히 했지만 그것이 통합된 구조로 연결되지 않았기 때문에 그 여성의 목숨을 구할 수 없었다.

이처럼 어떤 일을 하기 전에 전체를 바라보는 능력이 있어야 한다.

그렇지 않으면 자신의 목적과 완전히 다른 일을 하는 경우가 생길 수 있다. 이제는 통합적으로 전체를 보는 힘을 기르는 훈련을 해야 한다.

⑦ 고공 학습법과 상관관계 학습법 실습 1

중학교 국사 교과서로 이 두 가지 학습법을 실습해보자. 대개 새 학년이 시작되고 3월 한 달 동안 국사 시간에는 선사시대와 고조선 단원을 공부한다. 그러다가 4월이 되면 삼국시대를 공부하고, 학기 말에 가서야 조선시대를 배운다. 대부분의 학생이 학기 말쯤 되면 앞 단원에서 공부한 선사, 고조선, 삼국시대의 내용은 이미 다 잊어버리고 만다. 전체적인 맥은 짚을 줄 모르면서 소소한 연도를 외우느라 정신이 없고, 그렇게 몇 년을 공부해도 우리 역사를 제대로 이해하지 못한다. 그러나 국사 고공표를 만들어 공부를 하면 얘기가 달라진다.

고공표 만들기 1

공부하기에 앞서 차례를 훑어보며 교과서 전체 내용이 어떻게 구성되었는지를 살펴본다. 차례의 큰 제목을 보면 선사시대부터 조선시대까지 시대별로 구분한 것을 알 수 있다. 다음으로 중간 제목을 보면 시대마다 어떤 사항을 중요하게 다루는지 알 수 있다. 그런 다음 책을 대강 읽어가면서 작은 제목을 정리한다.

시대	주요 사항	세부 사항
– 선사시대 – 고조선 – 기타 국가	– 생활 – 건국과 발전	– 구석기, 신석기, 청동기, 철기 – 국가 성립, 단군 – 부여, 고구려, 옥저, 동예, 삼한
삼국시대	– 건국과 발전 – 대외 관계 – 통일 사회와 경제 문화	– 왕권 강화, 백제, 신라, 고구려 – 살수대첩, 안시성싸움, 백제·고구려 멸망, 나당전쟁 – 종교, 학문, 시가 음악, 미술, 과학기술
– 통일신라 – 발해	– 건국과 발전 – 문화의 발달 – 말기의 사회변동 – 발해의 만주 지배	– 정치, 경제, 해상무역 – 유학, 불교, 미술, 과학기술, 향가와 음악 – 왕위 다툼, 골품제, 사상계 동요 – 발해의 건국, 정치제도의 정비, 대외 관계, 문화
고려시대	– 국가체제의 정비 – 전기의 대외 관계 – 사회, 문화 – 무신 정권 – 후기의 사회	– 정치, 군사, 교육과 과거제도, 토지제도 – 송과 문물, 강동 6주 회복, 동북 9성 설치 – 이자겸의 난, 묘청의 서경 천도, 무신정변 – 몽고와의 전쟁, 삼별초, 원과의 관계 – 신진 사대부, 농장의 확대, 공민왕 개혁, 홍건적의 난
조선시대	– 양반 관료 사회 – 초기 대외 관계 – 경제 – 민족문화 – 왜란과 호란	– 국호 제정, 중앙 정치제도, 군사 조직, 조운과 역원 – 명과의 관계, 일본, 여진 – 국토의 확장, 농본 정책, 토지제도, 국가 재정, 농민 부담 – 민족의식, 훈민정음, 과학 – 임진왜란, 병자호란, 북벌론과 나선정벌

이런 방법으로 20~30분을 할애하면 앞의 표와 같이 책 내용을 한눈에 볼 수 있는 표를 만들 수 있다. 바로 이런 표가 퍼즐 게임에서 전체 그림의 역할을 하는 것이고, 이런 고공표를 만드는 훈련을 하면서 학습 능력을 비약적으로 향상할 수 있다.

연결 고리 찾기 1

앞에서 작성한 고공표를 보면서 지금부터 2~3분 시간을 내어 각 시대에 공통적으로 나타나는 점은 없는지, 시대에 따라 차이를 보이는 점은 무엇인지 등을 살펴보자. 순서대로 공부할 때 알 수 없던 새로운 사실을 발견하게 될 것이다.

이렇게 시대 구분을 해놓고 관심 있게 보면 시대별로 공통점이 있다는 사실을 쉽게 알 수 있다. 첫째, 중간 제목에 시대마다 '문화'라는 단어가 나오는 것을 볼 수 있다. 각 시대의 문화를 아는 것이 역사를 이해하는 데 가장 중요하다는 사실을 말해주는 것이다. 또 '건국과 발전'이라는 단어가 반복되어 나오는 것을 알 수 있다. 고려와 조선시대에는 국가체제의 정비, 양반 관료 사회라는 말로 표현돼 있지만, 결국 건국과 발전에 관한 내용이다. 시대마다 이런 내용이 다 담긴 이유는 건국과 발전이 역사에서 중요한 의미를 지니기 때문이다.

이제 세부적인 내용으로 들어가 비교해보자. 각 시대의 건국과 발전에 영향을 미친 종교를 비교하면, 고려시대는 불교, 조선시대는 유교를 이념적 근간으로 삼아 건국한 사실을 알 수 있다. 고려는 태조 왕건이 불교를 바탕으로 개국하고, 고려 왕조를 거부한 태조 이성계는 고려시대의 국교인 불교에 반대하면서 유교를 바탕으로 한 나라 조선을 건국했다.

여기에서 우리는 인생이나 역사에서 중요한 것은 결국 첫 단추를 어떻게 끼우느냐 하는 사실이라는 걸 알게 된다. 첫 단추를 어떻게 끼우느냐에 따라 그 영향이 다음 세대에까지 미치기 때문이다. 이것이 역사가 우리에게 주는 교훈이다. 역사를 바로 보고 올바른 역사관을 지닌 사람은 자기 인생의 첫 단추를 함부로 끼우지 않을 것이다.

진리를 추구하는 학문은 남들이 못 보는 것을 보게 하는 힘이 있다. 그러므로 전체를 보는 힘, 통합하는 힘을 기르는 훈련을 게을리해서는 안 된다. 그러기 위해서는 고공 학습법을 익혀 우리가 못 보던 것을 보는 눈을 갖출 수 있도록 우리 자신을 일깨워야 한다.

고공표 만들기 2

중학교 수학 과목을 하나 더 예로 들어보자. 이때도 앞에서 한 것과 같은 방법으로 중학교 1, 2, 3학년 수학책 세 권을 다 갖다놓고 차례의 큰 제목을 살펴보면 된다. 이렇게 하면 중학생에게 필요한 수학 지식이 책 세 권에 어떻게 분포되어 있는지를 한눈에 볼 수 있다. 내용을 좀 더 자세히 이해하기 위해서는 중간 제목을 정리하고, 다음으로 작은 제목을 대강 읽어가면서 정리하면 된다.

분류 \ 학년	1	2	3
집합	집합: 연산		
수	− 자연수: 기수법, 약수, 배수, 정수 − 유리수: 근사값	순환소수	무리수: 제곱근
문자와 식	문자와 식	식의 계산: 다항식, 부등식	− 다항식의 곱셈 − 인수분해
방정식	일차방정식: 해	연립방정식	이차방정식: 근의 공식

함수	함수: 좌표 평면	일차함수: 그래프와 활용	이차함수: 최대, 최소
통계	통계: 상대도수	확률	통계: 상관관계
도형	– 평면도형: 다각형, 작도 입체도형. 부피와 겉넓이 – 도형의 관찰: 오일러의 공식	– 삼각형이 성질 – 사각형의 성질 – 닮음	피디고리스의 원리와 활용, 원과 직선, 원주각, 원과 비례, 삼각비
명제		명제	

　수학에서도 고공 학습법은 중학교 3년간 배우는 수학 과목을 전체적으로 보고 개념과 원리를 이해하는 데 큰 도움을 준다. 위에 제시한 수학 고공표는 중학교 전 과정을 한눈에 조망한 것으로, 국사 고공표와 비교할 때 훨씬 더 높은 곳에서 본 것이다. 그런데 이렇게 더 높은 곳에서 보면 우리가 지금까지 못 본 새로운 것을 볼 수 있고, 그럼으로써 해결점을 찾을 수 있다. 수학 고공표를 만들어보면 기존에 풀지 못한 문제도 해결할 수 있다.

연결 고리 찾기 2

　앞의 수학 고공표를 잘 살펴보면 1학년 때 수를 배우고, 2학년 때 함수를 배우고, 3학년 때 방정식을 배우는 방식으로 진행되지 않고 수, 문자와 식, 함수, 방정식 등을 학년마다 약간씩 나누어 배우는 사실을 알 수 있다. 여기서 우리는 중요한 수학의 접근법을 알게 된다.

'방정식'을 예로 들면, 방정식은 일차방정식, 연립방정식, 이차방정식으로 이루어진다. 수학책의 저자는 이 세 가지 방정식 내용을 3개 학년에 분산해 1학년 때 일차방정식, 2학년 때 연립방정식, 3학년 때 이차방정식을 배울 수 있게 구성해놓았다.

　그런데 어떤 학생이 중학교 2학년 때까지 정신 못 차리고 놀다가 3학년 때 철이 들어 이제부터는 공부를 열심히 하기로 작정하고 수학 공부를 시작했다고 하자. 아마도 이차방정식이 잘 안 풀리고 막히는 부분이 많을 것이다. 이런 경우 어떻게 해야 할까? 무작정 이차방정식 문제를 푸는 데만 열을 올릴 것이 아니라 저학년 단계의 수학 교과서를 다시 살펴보아야 한다.

　이차방정식은 일차방정식과 연립방정식의 조합이므로 이차방정식을 못 푸는 것은 일차방정식과 연립방정식을 모르기 때문이다. 그러므로 저학년에 나오는 일차방정식과 연립방정식 부분을 다시 점검하고 이해해야 한다. 이런 안목이 없는 경우, 학생에게 "이 상태로는 안 되겠다. 1학년 과정부터 다시 공부하자"라고 하면 "공부 못하는 것도 억울한데 왜 무시합니까? 똑같은 돈 내는데 왜 저는 1학년 과정을 공부합니까?"라고 항의하는 모습을 볼 수 있다. 얼마나 어리석은 짓인가. 그 학생에게는 1학년 과정으로 돌아가 공부하는 것이 가장 좋은 해결책인데 말이다.

고공표 만들기 3

다음 글의 내용을 고공표로 만들어보자.

> 국어의 어휘는 고유어와 외래어로 구성되어 있다. 아주 오래전부터 중국에서 들어온 한자어는 국어의 어휘 체계에서 매우 큰 비중을 차지하고 있다. 이는 고유어가 표현하지 못하는 어휘의 빈자리를 대신해줄 수 있다는 긍정적인 면도 있으나, 이미 존재하는 고유어를 위축했다는 부정적인 면도 있다.
>
> 고유어는 감각어와 상징어가 크게 발달되어 있다. 국어에서는 미세한 감각의 차이에 따라 어휘를 분화시켜 다양하게 표현한다. 붉은색만 하더라도 '발갛다, 벌겋다, 빨갛다, 뻘겋다, 새빨갛다, 시뻘겋다, 붉다, 불긋불긋하다……' 등으로 분화되어 미묘한 어감의 차이를 나타낸다.
>
> 의성어나 의태어의 발달이 두드러지는 점도 우리 민족이 감각적인 표현에 매우 익숙했음을 반영한다. '퐁당, 풍덩' 등의 의성어나 '아장아장, 어정어정' 등의 의태어들은 대부분이 모음조화가 엄격하게 지켜지던 시대에 모음조화를 기반으로 분화되어 현대 국어에까지 이어져온 것이다.
>
> 외래어는 중국어, 몽골어, 여진어, 만주어, 일본어, 서양의 여

러 언어에서 들어왔다. 역사가 오래된 외래어 중에는 오늘날 마치 고유어처럼 여겨지는 단어도 많다. '김치'와 '배추'의 어원은 한자어인 '沈菜(침채)'와 '白菜(백채)'인데, 음운 변화의 결과 김치와 배추로 굳어지게 되었다. '보라매'의 '보라' 같은 말도 몽골어에서 들어온 말이다. 한자어는 특별한 외래어이다. 오랜 역사를 통해 우리 음운 체계에 맞추어진 한국 한자음이 따로 존재하기 때문에, 같은 한자로 적힌 단어라 하더라도 중국, 일본과는 다른 소리로 발음하게 된다. 예를 들면 '東北(동북)'을 중국에서는 [dōngběi], 일본에서는 [touhoku]로 발음하는 데 비해 한국에서는 [dongbuk]으로 발음한다.

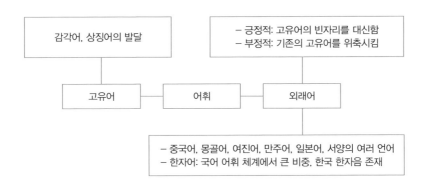

이렇게 고공표를 만들어서 보면 어휘는 크게 고유어와 외래어가 있다는 사실과 그 각각의 특징과 종류를 쉽게 알 수 있다. 모든 글을 고공표로 만들 수는 있지만, 특별히 고공표를 만들기에 적합한 글이 있다. 예를 들어 비교·대조하는 글이라든가, 시간과 공간의 흐름에 따라 쓴 글이라면 '고공을 하기'에 더욱 좋다. 이러한 내용을 고공 학습법으로 익힐 경우 암기하기가 훨씬 쉽다. 이 글이 가진 상관관계를 표로 만들었을 때 더욱 명확하게 드러나기 때문이다.

책을 읽기 전에 내용을 짐작하기 위해 책의 차례를 바탕으로, 혹은 본문을 읽으면서 고공표를 만들 수 있다. 그리고 더욱 발전한 단계로 책을 다 읽은 후 책의 전체 내용을 고공표로 만들 수도 있다. 고공표를 만들 때는 꼭 표의 형태를 띠어야 하는 것은 아니다. 표를 기본으로 하지만 마인드맵처럼 지도로 표현해도 좋고, 한 차원 높여 그림을 활용할 수도 있다.

⑧ 고공 학습법과 상관관계 학습법 실습 2

예문

다음 글을 고공 학습법과 상관관계 학습법으로 접근해보자.

우리나라의 토지제도 변천

삼국시대에는 중앙집권적 통치 체제를 완성하면서 '모든 국토는 왕의 것이요, 모든 백성은 왕의 신하'라는 왕토 사상에 따라 모든 토지와 백성을 왕에 예속시켰다. 그리하여 국왕으로부터 식읍·녹읍의 명목으로 어느 지역을 받은 귀족은 그 지역의 경제력뿐만 아니라 농민들까지 사적으로 지배하였다.

식읍食邑은 귀족이나 공신에게 주었던 땅으로, 삼국시대의 식읍 제도는 자세하지 않으나, 532년(법흥왕 19)에 금관국(가락)의 김구해가 신라에 항복해오자 신라는 금관국을 금관군으로 격만 낮추어 그에게 식읍으로 주었다. 신라는 이와 같이 항복해온 사람, 전공을 세운 사람, 귀족에게 식읍을 주었는데, 당시는 조세를 거두는 권리뿐 아니라 지배권까지 가졌던 것으로 보인다.

녹읍祿邑은 신라시대에 관리에게 직전職田으로 주던 토지로, 그 토지를 가진 사람은 지대뿐만 아니라 그 토지에 딸린 농민들로부터 공물과 노동력을 마음대로 거두어들였다. 귀족사회의 성격이 강한 토지로, 장원이 생기고 지방의 호족이 커가는 요인이 되었다.

통일 후 왕권이 강화되고 관료 체제가 정비됨에 따라 토지제도에도 큰 변화가 일어났다. 신라는 통일 전부터 공신이나 귀족들에게 녹읍을 주어왔다. 귀족들은 녹읍을 가지고 그곳에 사는 백성들에게서 조세와 공물을 받아들이고 노동력을 마음대로 뽑아 썼다. 그러나 왕권의 강화 과정에서 이러한 제도는 변화할 수밖에 없어, 신문왕 때에는 녹읍을 폐지하고 대신 관리들에게 관료전을 지급하였다.

관료전官僚田은 신라시대에 관리가 그 직무에 대한 대가로 받는 토지로서 수조권만을 주는 것이었다. 귀족 세력을 억압하기 위해 녹읍을 폐지하고 관리들에게 봉급 대신 나눠주었다. 계급에 따라 토지의 면적에 차등을 두었다.

관료전은 관리가 그 생산물의 세만 받을 수 있게 하였고, 관직에서 물러나면 토지를 나라에 도로 바치도록 규정하였다. 녹읍의 폐지와 관료전의 지급은 토지나 농민에 대한 귀족들의 직접적인 지배를 금하고, 나라에서 관리들에게 일종의 봉급을 지급한 것이었다.

그러나 경덕왕 때에 이르러 귀족 세력이 다시 강화되면서 귀족들의 반발로 녹읍제가 부활되었고, 사원의 면세 토지도 날로 늘어나 국가 경제는 위태로워졌다.

통일신라시대에서 주목할 만한 토지제도상의 조치는 백성들에게 정전丁田을 지급한 일이다. 성덕왕 때 정남丁男(20세 이상 60세 미만의 남자: 성년이 된 일할 나이의 남자)에게 토지를 나누어주고 경작하여 나라에 세금을 바치도록 한 것으로, 농민을 국가가 직접 지배하려는 의도에서 실시되었다. 정전의 지급으로 조·용·조의 세제와 부병제 실시가 가능했다. 그러나 후에 이 제도가 무너지고 녹읍이 부활되면서 귀족에 의한 사병 제도가 발달했다.

고려시대가 들어서나 태조 때에는 아직 중앙정부의 권한이 지방에까지 미치지 못하여 토지 관리가 제도화되지 못하고, 후삼국 통일에 공이 큰 신하와 병사들에게 관등의 높고 낮음과 관계없이 행실과 공로를 기준으로 하여 역분전役分田이라는 토지를 지급하였다. 논공행상적 성격이 강한 것으로 전시과 제도가 마련될 때까지 존속하였다.

그러나 경종 때에 전시과가 마련되면서 이것을 바탕으로 토지제도가 정비되어 문종 때 이르러 완성되었다. 전시과田柴科는 문무 관리에게 관등(18등급)의 높고 낮음에 따라 토지와 함께 연료를 얻을 수 있는 임야를 주던 제도로, 오늘날로 말하면 관리들에게 일종의 봉급과 같이 준 토지였다.

전시과는 976년(경종 1) 직산관職散官 전시과를 설치하면서부터 시작되었으며, 시정始定 전시과라고도 한다. 이때는 관품官品·인품人品을 병용한 급전제給田制였다.

그리고 이 제도를 998년(목종 1) 양반급 군인 전시과로 개편하고 개정改定 전시과라고 불렀다. 그 내용은 전시과 수급자受給者의 과등科等을 18과科로 나누어 제1과는 중서령中書令·상서령尚書令·문하시중門下侍中 등으로, 전 100결과 시지 50결을 지급한 것을 비롯하여 점차 줄어들어 제18과 한인閑人·잡류雜類는 전 17결만을 지급하였다.

개정 전시과는 처음 시정 전시과에 있었던 인품이라는 막연한 요소를 제거하고 위계位階의 고하만을 표준으로 삼은 점, 처음에는 없었던 군인에 대한 수급을 명시한 점 등이 특징이라 할 수 있다. 한편, 이러한 제도의 실시는 이미 지배 체제가 확립되고 계층의 구별이 확실해졌음을 뜻하기도 하였다.

그 후 1034년(덕종 3) 다시 개정했으나 그 내용은 자세히 알 수 없고, 1076년(문종 30) 양반 전시과로 전면 개정하여 이것을 경정更定 전시과라 하였다. 이것으로써 고려 전기의 토지제도는 일단 완성되었다고 볼 수 있다.

이 경정 전시과가 개정 전시과와 다른 점은 전시의 지급액이 전반적으로 감소된 점과 무관에 대한 대우를 현저하게 개선시켰고, 종전까지 전시가 지급되던 산관散官(관계만 있고 직책이 없는 자)의 일부를 대상에서 탈락시킨 점, 종전까지 병설되었던 한외과限外科가 소멸된 점 등이다. 이로써 제도상으로는 일원화가 이루어졌다.

이렇듯 976년(경종 1)에 처음 제정된 뒤 목종을 거쳐 문종 때 크게 정비되었다. 전시과는 토지 자체를 주는 것이 아니라 그 토지의 수조권을 주는 것인데, 이것을 받은 사람이 죽거나 관직에서 물러날 때에는 국가에 반납하게 하였다.

12세기에 접어들면서, 고려시대 토지제도의 기본을 이루고 있던 전시과 제도가 무너지기 시작하였다. 왜냐하면 문벌 귀족들이 함부로 많은 토지를 차지하였기 때문이다. 그리고 무신들이 정권을 잡으면서 대토지 소유 현상은 더욱 심해져 전시과 제도는 사실상 무너지게 되었다.

몽고와의 전쟁이 끝나고 원의 정치적 간섭을 받은 시기는 물론, 고려 말에 이르기까지 대토지의 집중은 계속되었다. 권문세족들은 토지를 국가로부터 합법적으로 급여받거나 개간하여 확대하기도 하였으나, 대부분 불법적인 방법으로 차지하였다. 농장은 전국적으로 분포되고, 산과 내를 경계로 하거나 주, 군에 걸쳐 있을 정도로 광대하였다.

그리고 고려 후기에 녹과전祿科田이라는 제도는 고려 중기 이후 관리들에게 주는 녹봉을 보충하기 위해 녹봉 대신 나누어주던 토지이다. 몽고의 침입으로 국고를 탕진하자, 1275년 경기 지방의 땅을 관리들에게 등급에 따라 나누어주었다.

이것은 사전의 하나로, 소유자는 경작자에게서 전조田租만을 받아들였다. 권문세족에 대한 경제적 후원책이기도 하였다.

고려 말과 조선 초기에 나라 안의 모든 토지를 나라의 소유로 하여 관리들에게 등급에 따라 나누어주려는 과전법科田法이 등장하였다. 고려 공양왕 3년(1391)에 이성계, 조준, 정도전 등의 힘으로, 당시까지 문란했던 토지 소유관계에 대하여 개혁을 단행하여 마련한 제도이다. 모든 토지는 국가가 관리하는 것을 원칙으로 하였다.

관료들은 과전법에 의해 등급에 따라 경기도에 한하여 일정한 토지를 국가로부터 지급받았으며, 곧 나라의 공무를 맡아보는 모든 사람에게 토지를 나누어주어 그 토지에서 나는 생산물의 일부를 차지함으로써 생활 기반으로 삼게 하자는 데 목적을 둔 제도이다. 그리고 나라에서 필요로 하는 군사비 등을 마련할 목적도 아울러 지니고 있었다. 다만 과전은 경기도에 한하여 나누어주었고, 경기도 이외에는 공전으로 하여 군전으로 삼았다. 그리고 퇴직자들도 별도로 정해진 바에 따라 토지를 받았는데, 받은 토지에 대하여 일정량의 세금을 곡식으로 내었다. 또한 관리들이 받은 사전은 팔고 사지 못하도록 토지 문서를 만들어 정부가 보관하였다.

고려 때에는 귀족들에게 너무 많은 땅을 주어 토지제도가 문란해졌다. 이에 조선에서는 처음부터 귀족들에게는 비교적 인색한 태도를 취하고 경기도 땅 일원만 공신과 귀족들의 땅으로 허락하였다.

조선도 개국 초에 나라의 어려운 재정과 국방비 마련, 그리고 새 왕조의 중심 세력에 대한 물질적인 보장을 위하여 과전법을 그대로 시행하였다.

이러한 과전은 1대에 한하는 것이 원칙으로, 본인이 죽으면 다시 나라에 바치게 하였다. 그러나 실제로는 휼양전·수신전 등의 이름으로 자식이나 부인에게 물려주는 일이 많았다. 한편

나라에 큰 공을 세운 공신들에게는 공신전을 주었는데, 이 공신전은 자손들에게 세습될 수 있었다.

중앙이나 지방의 관청과 공공 기관에는 공해전이라는 토지를 나누어주어, 그 기관의 운영비를 마련하도록 하였다. 그 밖에도 군인전 · 학전(장학용) · 원전(국립 여관) · 역전(교통 기관) 등의 이름으로 각 기관에 토지를 나누어주었다.

이들 토지를 실제로 경작한 사람들은 농민들로, 관료들은 토지를 경작하는 농민들로부터 경작의 대가로 조를 거두어 생활하였다. 농민들의 경작권은 관료가 마음대로 하지 못하도록 국가가 보호하였다.

왕권이 확립되고 국가 활동이 활발해짐에 따라 관료의 수와 세습되는 토지가 늘어났다. 또한 권세가들이 갖은 방법으로 땅을 늘리고 특혜를 받아, 나중에는 새로 관료가 된 사람들에게 나누어줄 토지가 부족하게 되었다. 이에 세조는 과전법을 폐지하고 현직 관료에게만 토지를 지급하는 직전법을 실시하였다.

직전법職田法은 조선 세조 12년(1446)에 과전법을 고쳐서 만든 토지제도로, 개국 후 공신전이 양적으로 늘고, 또한 과전의 세습화와 관원의 수가 많아져서 경기도 지방의 과전이 부족하게 되자, 이를 타개하기 위하여 토지를 현직 관리에 한하여 대폭 삭감하여 지급하였다. 1470년(성종 1)에 직전세라 하였고, 명종 때 소멸되었다.

그러나 이것도 큰 효과를 못 얻어 성종 때에는 토지를 모두 거두어서 국가가 직접 관리하며, 모든 관리에게는 그 직책에 따라 농민에게서 거둔 조를 현물(곡식)로 주는 관수관급제를 실시하였다. 이것이 우리나라에서는 봉급의 시초가 된다.

관수관급제官收官給制는 국가가 농민으로부터 직접 조租를 거두어 관리에게 지급하던 제도이다. 이 제도는 국가에서 관리에게 녹봉으로 토지를 주는 대신 바뀐 것이다. 조선 성종 때 양반 관료의 토지 소유 확대와 이로 빚어지는 국가의 과전 부족과 지대를 둘러싼 양반 관료와 농민 사이의 갈등을 막기 위해 실시하였다. 그러나 이 제도도 명종 때에 가면서 실행이 불가능해졌고, 임진왜란을 겪으면서 소멸되었다. 이로써 공전제가 붕괴된다.

조선 초기부터 실시되어오던 과전법은 양반 관료들이 농장을 확대하면서 점차 무너져갔다. 이들은 국가의 토지제도를 어기고 사사로이 농토를 개간하거나 사들였다. 또는 권세를 이용하는 등 여러 가지 방법으로 남의 땅을 차지하여 자신의 농장을 넓혀 지배하였다. 이들은 농민과 노비를 시켜 농사를 짓게 하고 부를 누렸다.

이런 현상은 차차 전국적으로 확대되어 상대적으로 과전의 부족을 가져오고, 면세·면역 등으로 국가의 재정을 감소시켜 농민 생활을 더욱 어렵게 만들었다. 또한 새로 관리가 된 사람도 국가로부터 토지를 지급받기가 어려워져, 신진 관료들은 막대한 농장을 소유하고 있는 기존 세력에 대하여 불만을 가졌다.

　17세기 후반에 들어와 농업을 보다 중시하고 토지제도를 개혁해야 한다고 주장하는 중농학파 실학자들, 유형원, 이익, 정약용이 활동하였다.

　중농파 실학자의 대표 인물인 유형원은 《반계수록》을 지었으며, 균전론均田論을 주장하였는데, 농민들을 구제하고 국가를 부강하게 하는 방법으로 토지를 균등히 할 것을 제안하였다. 그러나 주장한 내용은 직업에 따른 차별, 곧 관리, 선비, 농민, 수공업자, 상인에게 차등을 두어 토지를 분배하자는 것이었다.

　한전론限田論은 조선시대에 전지집적田地集積의 폐해를 들어 그 소유의 한도를 정하자던 주장으로 영업전의 매매를 금지하여 토지 소유의 평등을 지향하였다. 한전론은 16세기 초 유옥柳沃 등이 제기한 이래 1518년(중종 13)에는 50결結을 한도로 하는 한전제가 실시되기도 하였으나 별 효과를 거두지 못하였다.

　18세기 말에 이르러 정석유, 임박유, 서명신 등 농촌 지식인과 성호 이익이 제기하였는데, 18세기 초 농촌은 10% 안팎의 부농이 전체 농지의 40%가량을 소유하고, 55% 안팎의 빈농이 전체 농지의 15%가량을 소유하였다.

　정약용은 여전제閭田制를 제시하였는데, 농가 30호 안팎으로 '여'라는 공동 농장을 구성하고, 이를 단위로 여장의 감독 아래 토지를 골고루 나누어 공동으로 경작, 분배하는 일종의 집단농장 제도이다. 그러나 당시에 이 제도는 대단히 혁신적인 토지개혁론으로, 받아들여지기에는 이상적인 이론이었다. 그와 함께 보다 실현 가능한 정전제를 제시하기도 하였다.

대한제국이 들어서자 여러 방면에 개혁을 하였다. 이를 광무개혁이라 하는데, 이 개혁 중에 양전 사업이 포함되었다. 양전이란 토지측량 사업을 뜻한다. 이것은 농업 국가인 우리나라의 경우 국가 재정과 민생 안정의 기초가 되는 중요한 일이었으나, 오랫동안 해결되지 않았다. 가깝게는 동학농민운동이 일어났을 때 토지제도의 개혁이 제기되었으나 실시되지 않다가 이때 이루어졌다.

양전 사업은 대한제국 수립 후 가장 많은 자금과 인력을 투입한 대사업이다. 이를 통하여 정부 재정의 확충과 토지제도의 정비를 노렸다. 이번 사업으로 정부는 개별적인 토지를 직접 파악하여 근대적인 지세 제도를 수립할 기초를 마련하였다. 정부에서 모든 토지를 일괄적으로 측량하여 토지 소유권 증명서인 지계地契를 발급하였다.

이 지계에 지가地價를 기입함으로써 지가에 근거한 근대적 조세제도를 시행할 수 있게 되었으며, 이를 통해 정부의 재정 기반 강화에 큰 몫을 할 수 있었다. 이 사업으로 전국 토지의 2/3 정도가 양전을 끝낼 수 있었다.

이 사업으로 얻은 성과 중 하나는 외국인의 토지 소유를 차단할 수 있게 되었다는 점이다. 외국인의 토지 소유는 원래 금지되어 있지만, 불법적으로 우리 토지를 잠매하고 있었는데 이 사업을 통해 외국인의 토지 잠매 행위를 밝혀내고, 외국인의 토지 소유를 막을 수 있었다. 이 토지측량과 지계 발급 과정은 대한제국의 법에 따라 과거 토지 소유권을 근대의 토지 소유권으로 확정하는 절차로 기능하였다.

이로써 근대적 토지 소유권이 확립될 수 있었다는 것이 양전사업의 가장 큰 성과 가운데 하나라고 할 수 있다. 그러나 원래 양전 사업의 필요성은 조선 후기 실학파의 전통을 이은 토지개혁론과 함께 제기된 것이었다. 그러나 실제 집행 과정에서는 토지 재분배라고 하는 토지개혁의 문제는 빠져버리고 종래의 지주 소유권을 근대적으로 강화시켜주는 역할에 그치고 말았다는 것이 가장 중요한 지적이다. 따라서 이 사업은 지주층 중심의 자본주의화 노선이 깔려 있다는 비판을 받기도 하였다.

개항 이후 우리나라는 일본의 제국주의적 자본주의의 침략을 극복하기 위해 많은 노력을 기울여왔다. 그러나 러일전쟁 이래 일제는 도로·철도·통신·교통·항만·수리·산림 등을 차지해 나갔고, 화폐 및 금융까지 손아귀에 넣었으므로 이미 경제적 침투를 당하고 있었다.

우리의 국권을 침탈한 뒤에 일제는 이것을 기반으로 더욱 수탈을 강화하였다. 그리하여 농업·공업·상업·어업·광업·임업

등 우리나라의 모든 기간산업은 일제의 식민지 경제체제로 바뀔 수밖에 없었다. 그중에서도 우리 농민을 가장 어렵게 한 것이 농업 부문에서 단행한, 이른바 토지조사사업土地調査事業이라는 전국 토지의 약탈이었다.

일제가 실시한 토지조사사업은 다각적 목적을 달성하기 위한 종합 식민지 정책이었다. 그중에서도 그들은 한국인의 토지를 약탈하는 것과 아울러 지세地稅·식량 약탈에 중점을 두었다.

이를 위해 일제는 1910년 한국에서 일본인의 토지 소유를 인정하게 하는 법령을 제정하였다. 1912년에는 토지조사령을 발표하고, 1918년까지 막대한 자금과 인원을 동원하여 토지를 조사하였다. 명목은 근대적 소유권이 인정되는 토지제도를 확립한다는 것이었다. 일제는 토지의 소유권, 토지의 가격, 토지의 형태 등을 복잡한 서류로 꾸며 기한 내에 신고하도록 하였다. 그래야만 토지의 소유권을 인정받았던 것이다.

그런데 우리 농민들은 새로운 법에 어두웠고, 그 절차가 까다로웠을 뿐만 아니라, 일제가 하는 일이라 하여 고의적으로 등록을 하지 않는 경우가 많았다. 그리하여 이를 피하거나, 기회를 놓친 한국인의 농토, 그리고 공공 기관에 속해 있던 토지는 거의 조선총독부의 토지가 되고 말았다.

결국 이 토지조사사업으로 일제는 전국 토지의 약 40%를 빼앗을 수 있었다. 조선총독부는 이 토지를 동양척식주식회사 등

일본인 토지 회사에 불하하거나, 이주해온 일본인에게 헐값으로 넘겨주었다.

그리하여 종래 우리 농민은 토지의 소유권과 함께 경작권을 가지고 있었는데, 이로 말미암아 많은 농민은 토지의 권리를 잃고 지주에게 유리한 기한부 계약의 소작농으로 전락하고 말았다. 또 자기의 농토를 가지고 있다 하더라도 대다수 농민은 매우 가난하였다.

당시 소작농은 전체 농가의 36.5%나 되었으며, 영세농의 수는 전체 농가 호수의 76.9%였다. 결국 많은 우리 농민들은 고리대에 희생될 수밖에 없었고, 생계유지를 위해 화전민이 되거나 만주, 연해주 등지로 이주하지 않으면 안 되었다. 그리하여 1920년대 이후 유랑 농민의 수는 크게 늘어났다.

대한민국 정부 수립 직후인 1949년, 농지개혁법은 제헌 헌법에 의거하여 농지를 농민에게 적절히 분배함으로써 농가 경제 자립과 농업 생산력 증진으로 농민 생활의 향상 및 국민경제의 균형과 발전에 기여하기 위하여 제정된 법률(1949. 6. 21. 법률 제31호)이다. 대한민국 정부 수립 직후 북한에서 농지를 무상몰수 無償沒收하여 농민에게 무상분배한 농지개혁이 실시됨에 대응하여, 대한민국에서도 농지개혁을 실시하기 위하여 제정하였다.

대한민국은 자본주의 체제하의 자유민주국가이므로 북한과 같이 무상몰수와 무상분배를 허용하지 않아 소유자가 직접 경작하지 않는 농토에 한하여 정부가 5년 연부보상^{年賦補償}을 조건으로 소유자로부터 유상 취득하여 농민에게 분배하여주고, 농민으로부터 5년 동안에 농산물로써 정부에 연부로 상환하게 하는 이른바 유상매수·유상분배의 농지개혁을 실시하였던 것이다.

이 법에 따른 농지개혁으로 종래 심각한 사회문제가 되어왔던 지주와 소작인 간의 분쟁 등은 해결되었으나 지주계급의 몰락을 초래하였고, 이 법에서 농가의 농지 소유 한도를 3정보^{町步}로 제한하여 그 소작·임대차 또는 위탁 경영을 금지하고 매매도 제한하였기 때문에 농민의 영세화와 농촌 근대화의 장애 요인이 되었다.

그 때문에 이의 시정을 요구하는 여론이 높아졌으므로, 현행 헌법은 이를 참작하여 제121조에서 농지의 소작제도는 금지하되, 농업 생산성을 높이고 농지를 합리적으로 이용하기 위해 임대차 및 위탁 경영은 법률이 정한 대로 인정한다고 규정함으로써 농촌 근대화의 길을 도모하고 있다. 이 법은 총칙을 비롯하여 취득과 보상, 분배와 상환, 보존과 관리, 조정, 기타, 부칙 등 6장으로 나뉜 전문 29조와 부칙으로 되어 있다.

고공표 만들기 4

시대	제도	토지제도의 변천
삼국		① 토지 국유제: 왕토 사상을 근거로 모든 토지는 나라 소유 ② 귀족층의 토지 소유: 식읍, 녹읍
남북국	통일 신라	① 관료전 지급 – 귀족 세력 억압책으로 녹읍 폐지(신문왕) → 관료전 지급 → 귀족 – 반발로 녹읍 부활 ② 정전 지급(성덕왕) – 토지를 통한 국가의 농민 지배권 강화 → 국가에 조를 바치게 함
고려		① 역분전(태조): 공로와 인품 기준 ② 전시과 – 시정 전시과(경종): 역분전의 성격을 띰 – 개정 전시과(목종): 18품 전시과(관등에 따라 차등을 두어 지급) – 경정 전시과(문종): 현직 관료에게만 지급 ③ 과전법(공양왕): 문무 관리를 18과로 나누고 차등을 두어 분배 – 경기의 땅에 한해 과전 지급 ④ 토지의 종류 – 공전: 왕실 직속지, 민전 – 사전: 과전, 공음전, 사원전, 군인전 등 ⑤ 농장의 발달: 최씨 무신 정권 이후 광대한 농장 소유, 토지 사유화 ⑥ 고려 후기 – 사적 토지 지배: 농장 – 국가적 토지 분급 제도: 녹과전

조선		① 과전법(공양왕: 1891)
		– 국가 재정의 궁핍을 타개하고, 권문세족의 지위를 약화하기 위해 →
		  문무 관리를 18과로 나누어 경기의 땅을 과전으로 차등 분배
		② 직전법(세조: 1466)
		– 과전의 부족으로 삼남 지방으로 과전 지급 확대
		– 현직자에 한해서 토지 지급 → 관리들이 수조율을 높임
		③ 관수관급제(성종: 1470)
		– 관리들의 수조권 폐지, 국가가 경작자에게 수조해 관리에게 지급 →
		  녹봉제의 성격, 직전의 공전화 → 토지 사유화
		④ 공전제의 붕괴(명종): 직전법 폐지, 녹봉 지급
		⑤ 농장의 발달: 토지 자유화, 면세전 증가, 광작의 유행
		⑥ 실학자들의 토지개혁론
		– 유형원: 균전론(관리와 사농공상에 차등 토지 분배)
		– 이익: 한전론(영업전의 매매 금지 → 토지 소유의 평등 지향)
		– 정약용: 여전제(이상적 방안), 정전제(보다 실현 가능한 방안)

대한제국	① 광무개혁 – 양전 사업(토지측량 사업) 실시 – 지계 발급: 전국 토지의 3분의 2 정도가 양전을 끝냄
국권 침탈기	① 토지조사사업(1912~1918) – 근대적 토지 소유제 확립을 빙자한 토지 수탈 → 토지조사령(1912) – 기한부 신고제 → 일본인의 불법 소유 → 한국 농민의 몰락
대한민국	① 농지개혁(1949): 토지 소유의 제한(3정보), 유상매수 · 유상분배의 원칙

연결 고리 찾기 4

우리나라의 토지제도는 시대에 따라 관료전, 정전, 공전, 사전, 녹과전 등으로 변화했다. 그러나 이러한 토지제도의 내용을 하나씩 살펴보면 결국 국가가 직접 백성에게 토지를 나누어주는 제도와 귀족에게 토지를 주어 귀족이 백성에게 토지를 나누어주는 제도 이 두 가지이다. 이 사실로 우리나라 토지제도가 정치적으로 왕의 권력이 컸는지, 귀족의 세력이 컸는지에 따라 그 모습을 달리한 것을 알 수 있다.

⑨ 고공 학습법과 상관관계 학습법 실습 3

적극적인 고공표 활용: 그룹 세미나

고공표를 그룹 세미나에 활용하면 학습 효과를 한층 더 높일 수 있다. 그룹 세미나는 대개 혼자서 하기에 분량이 많고 어려운 공부를 좀 더 수월하게 하기 위해 여러 사람이 모여 공부하는 형태로, 각 장의 내용을 나누어 정리한 뒤 발표하는 형식이 일반적이다. 그런데 여러 사람이 내용을 나누어 정리하다 보면 전체를 하나로 묶어서 보지 못하는 경우가 생기기 쉽다. 하지만 고공표를 그룹 세미나에 활용하면 그럴 일이 없다.

그룹 세미나를 할 때 장별로 나누어 정리하기에 앞서 가장 먼저 해야 할 일은 전체 내용을 고공표로 만들어 공부하는 것이다. 그런 다음 장별로 나누어 정리해나가는 것이 좋다. 고공표를 만든 후에는 전체를 머릿속에 깊이 새기는 훈련이 필요하다. 그러기 위해서 표를 달달 외울 것이 아니라 자신이 선생님이 되어 학생에게 가르친다는 생각으로 남에게 설명하는 것이 효과적이다. 친구들끼리 서로 설명해주거나 다른 사람에게 설명하는 것도 좋다. 이때 각 장의 내용을 칠판에 직접 그려가면서 발표하자. 그리고 장별로 발표가 끝난 후 전체 내용을 정리한 고공표, 장별로 각각 정리한 고공표를 그려보면 내용을 얼마만큼 파악했는지 확인할 수 있다.

고공표를 활용한 그룹 세미나

① 전체 내용을 고공표로 작성·발표

　　발제자는 전체 고공표를 칠판에 그리면서 발표하기

② 장별로 나누어 고공표 작성·발표

　　발제자는 각 장의 고공표를 칠판에 그리면서 발표하기

③ 고공표 그리기로 내용 이해 정도 확인

　　전체 고공표, 장별 고공표를 직접 그리기

---

10 고공 학습법과 상관관계 학습법 실제로 해보기

예문

다음 글을 ① 한눈에 들어오는 만큼 사선을 친 뒤, ② 모르는 낱말에 네모를 치고, ③ 중심 내용에 따라 문단을 나누며 읽으세요.

김치 맛의 비밀

예로부터 우리나라에서는 소금의 절대량이 모자라서 절절맸다. 부족한 식염은 중국의 청도산 소금인 '청염靑鹽'을 수입하여 보충했으며, 소금이 귀한 까닭에 전매제도를 실시했다. 따라서 소금을 이용한 음식은 매우 귀한 것으로 취급되었다. 예전에는 무와 배추를 양념하지 않고 통으로 소금에 절여서 묵혀두고 먹었는데 이런 김치를 '짠지'라고 불렀다. 짠지는 고추가 도입되기 전까지 요긴한 저장 식품으로 우리 조상들의 건강과 입맛을 지켜주었다.

그렇다면 지금의 '김치'는 어디에서, 언제부터 식탁에 오르게 된 것일까?

김치는 본래 우리나라 사람들이 가장 즐겨 먹는 부식물이며, 예전에는 김치를 '지漬'라고 불렀다. 통째로 소금에 절인 무를 '짠지'라고 부르는 것은 당시의 유산이다.

고려시대 이규보의 《동국이상국집》에서 김치 담그기를 '감지監漬'라고 했고, 17세기의 요리서인 《주방문酒方文》에서는 김치를

'침채沈菜'라고 했다. 침채가 '딤채'로 변하고, '딤채'는 구개음화하여 '짐채'가 되었으며, 다시 구개음화의 역현상이 일어나서 '김채'로 변하여 오늘날의 '김치'가 된 것이다. 그러니까 김치란 '담근 것'이란 뜻이다.

다시 말해 초기의 김치는 배추를 소금에 절인 형태였지만, 훗날 고추의 유입으로 말미암아 오늘날의 김치가 되었다. 고추는 원래 남아메리카에서 자라던 다년생초이며 언제 우리나라에 들어왔는지는 확실하지 않다. 다만 16세기 전후에 일본과 중국을 거쳐 유입된 것으로 짐작된다.

고추가 우리나라에 들어온 것은 16세기이지만 바로 김치에 쓰인 것은 아니었다. 17세기 말엽까지도 김치에 고추를 쓴 것은 없었고 소금에 절인 김치와 동침(동치미)이 있었다. 고추는 18세기로 접어들면서 김치에 쓰이기 시작했는데, 당시 소금 품귀 현상이 원인이었다. 즉 소금의 대체품으로 고추가 쓰여, 그것이 고추 소비를 촉진했던 것이다. 고추가 소금 대용으로 김치의 방부제 역할을 한 까닭이었다.

또한 지금과 같은 통배추김치가 생긴 것은 배추가 개량된 근대에 이르러서다. 기후가 추운 고장에서는 깨끗하게 잘 삭은 젓갈의 날젓국을 그대로 써서 젓갈의 효소 작용을 이용하여 김치의 맛을 향긋하게 하며, 더운 고장에서는 반드시 젓갈을 달여서 썼다.

※출처: 박영수, 〈김치 맛의 비밀〉, 《유행 속에 숨어 있는 역사의 비밀》

본문 글자 수	1,060자
읽은 시간	초
1분당 읽은 글자 수	자

1. 읽은 내용으로 고공표를 만드세요.

2. 읽은 내용 중에서 상관관계가 있는 낱말들을 연결해 공통점이나 차이점을 쓰세요.

[해답 295페이지]

5 개념 심화하기

– 정보를 구체화하는 개념 심화 학습법

① 구체화의 중요성

구체화라는 것은 추상적인 개념을 구체적인 개념으로 바꾸는 것을 뜻하는 말이다. 구체적이라는 말은 손에 잡히듯 실제적인 모습을 띠는 것인 반면, 추상적이라는 말은 실질적인 어떤 사물의 모습이 아니라 일반적인 속성을 가리키는 것으로 사랑이나 행복, 선악 등 주로 관념적 개념을 일컫는다.

우리가 어떤 글을 읽고 '참 좋은 글이다. 나도 앞으로 착하게 살아야겠다'라고 생각했다면 이는 추상적 개념에 머무르게 된다. 하지만 어떻게 착한 일을 할지를 깊이 고민하면서 '오늘 옷장 정리를 하고 이제 작아서 못 입는 옷을 모아 가까운 고아원에 가져다주어야겠다'라고 생각했다면 이는 구체적 개념이 된다.

또 사업 계획을 세우면서 '열심히 일해서 많이 벌자. 그리고 멋지게 쓰자'라고 생각하는 것은 추상적 개념이다. 구체적인 개념이 되기 위해서는 "우리의 사업은 하루 평균 2,000명 이상이 접속하는 홈페이지를 만드는 것이다. 1/4분기에는 현재 웹상에 있는 각 기관과 회사의 홈페이지를 벤치마킹하고 이를 토대로 세부적인 기획을 한 뒤 DB(데이터베이스) 관리 전문가와 전문 프로그래머를 영입해 2/4분기부터 작업에 들어간다. 예산은……"하는 식으로 사업 전개가 구체적으로 눈에 그려지듯이 말해야 하는 것이다.

이렇게 구체화한다는 것은 뼈대가 되는 기본 생각에 살을 붙이는 것으로, 어떤 정보도 이 단계를 거치지 않는다면 진정한 힘을 발휘할 수 없고, 어떤 사람도 구체화하지 않은 정보를 가지고 일을 추진할 수 없다. 많은 지식과 날카로운 비판의식과 자기 나름의 사상을 가지고 있었지만 탁상공론밖에 할 수 없었던 일제강점기 우리의 나약한 지식인을 떠올리면 쉽게 공감할 것이다.

그런데도 우리는 대부분 정보를 구체화하지 않고 추상적 상태로 내버려둔다. 추상적 개념으로 말하기가 훨씬 쉽기 때문이다. 위인전을 읽고 "정말 훌륭하다. 나도 본받아야겠다"라고 말하거나 과학책을 읽고 "무척 신기하다" 하고 감탄하는 것은 삼척동자라도 할 수 있는 일이다. 위인전은 특별한 업적을 남긴 위대한 사람의 일생을 적어놓은 글이고, 과학책은 과학적인 원리를 다루는 책이기 때문이다. 그러나 이것을 구체화해 무엇을 어떻게 본받을 것인지 정하고 무엇이 왜 신기한지, 그것이 우리 실생활에 어떻게 이용되는지 알기 위해서는 깊이 이해하고 생각해야 한다.

❷ 구체화를 위한 개념 심화 학습법

추상적인 개념을 구체적인 개념으로 이해하기 위해서는 먼저 그 개념이 무엇인지를 정확하게 알아야 한다. 개념을 잘못 알고 있으면 아무리 열심히 구체화한다고 해도 잘못된 결과가 나오기 때문이다.

예를 들어 요즘 한창 이야기되는 '교육개혁'에 대해 생각해보자. 많은 사람이 입 모아 교육을 개혁해야 한다고 외친다. 그런데 정작 하고 있는 일을 보면 제각각 다르다. 왜 그럴까? 그것은 '교육'이라는 말, '개혁'이라는 말의 정확한 의미를 모르고, 각자가 가진 개념이 다르기 때문이다. 개혁이라는 말의 정확한 뜻은 '잘못된 것을 적법한 절차로 바로잡는 것'인데, 이것을 '기존의 것을 뒤엎는 것'이라고 잘못 생각하고 있다면, 교육법을 날치기 통과시키는 데 동참할 수도 있다. 배를 타고 앞으로 나아가기 위해 모두 열심히 노를 젓기는 하는데 노 젓는 법을 각기 다르게 알고 있어 배가 전진하지 못하고 제자리에서 맴돌기만 하는 것과 같다. 따라서 정보를 구체화하기 위해서는 그 정보를 이루는 개념들이 정확하게 무엇을 뜻하는지 잘 파악하고 있어야 한다. 이는 용어 하나하나, 사건 하나하나의 정확한 의미와 배경을 이해하는 것으로, 개념 심화 학습을 거쳐야 가능하다.

예를 들어 어떤 사람이 인간의 최고 덕목 중 하나인 '중용'을 찬양하는 글을 읽었다고 하자. 아마도 그는 자신도 최고의 덕목인 중용을 지닌 사람이 되고 싶다는 생각을 했을 것이다. 그러면 이제 실천하는 일만 남았다. 그런데 생각이 여기에 미치면 뭔가 문제가 있음을 발견하게 된다. 구체적으로 어떻게 하는 것이 중용을 지키는 일인지 생각해보지 않은 것이다. 중용이라는 개념을 명확하게 이해하지 못했기 때문이다.

그러면 개념을 명확히 이해하기 위해서는 어떻게 해야 할까? 자신이 읽은 글에서 왜 중용이 사람의 최고 덕목이라고 했는지를 알아보고, 사전을 찾아본다. 그러고는 그것을 근거로 자신에게 일어날 수 있는 상황에 적용해본다.

이런 과정을 거치면서 우리는 중용을 추상적 개념으로 아는 것이 아니라 실제 자신이 처한 상황에서 이해하게 된다. 그리고 그 개념을 지속적으로 심화하는 과정에서 중용을 지닌 사람이 되어갈 것이다. 이것이 지식의 진정한 힘, 지력이다. 이렇게 개념을 심화하면서 정보를 구체화하면 입수한 정보가 진정한 힘을 발휘할 수 있게 된다.

③ 개념 심화 학습법 실습

추상적 개념을 구체화하기 위한 훈련으로 네모 치기, 상상하기, 사전 찾기, 묵상하기의 네 단계가 있다.

네모 치기

정보를 읽어나가면서 중요한 낱말, 그리고 그 의미를 명확히 알 수 없거나 대략 알지만 확실하게 다가오지 않는 낱말이 나오면 네모를 쳐서 표시해둔다.

유엔은 1995년을 '[관용]의 해'로 선정했다. 이에 유네스코는 성명을 발표하고 [관용]이야말로 인류가 직면한 여러 가지 어려운 상황을 개선할 수 있는 유일한 길이라고 지적하고 남의 견해, 믿음, 행위 등을 인정하는 능력이야말로 세계 평화를 증진하는 핵심적인 요소라고 강조했다.

관용이라는 말에 네모를 칠 수 있다. 이 글에서는 관용이 가장 중요한 낱말로 등장하지만 추상적 개념이라서 구체화하기가 쉽지 않기 때문이다.

상상하기

네모를 친 단어의 개념이 무엇인지를 자신이 가진 상식과 앞뒤 문맥을 참고해 상상하고 추측해본다. '관용'이라는 말에 대해 기존의 지식과 앞뒤 문맥을 통해 알 수 있는 정보를 모아 그 구체적인 뜻을 상상해볼 수 있다.

용서와 비슷한 말인 것 같다. 그런데 어떤 차이가 있는지는 잘 모르겠다. 문맥상으로 관용은 '남의 견해, 믿음, 행위 등을 인정하는 능력'을 말하는 것으로, '인류가 직면한 여러 가지 어려운 상황을 개선할 수 있는 유일한 길'이자 '세계 평화를 증진하는 핵심적인 요소'라고 되어 있다. 상대의 입장을 고려해 너그럽게 용서하는 것을 말하는 듯하다. 이렇게 관용을 베풀면 전쟁이 일어날 일이 없기 때문에 세계 평화가 증진된다고 한 것 같다.

사전 찾기

충분히 상상하고 추리했다면 이제는 사전 등의 자료를 찾아보아 그 것의 객관적인 뜻을 알아야 한다. 뜻을 설명하는 말 가운데 의미가 분명하지 않은 말이 있으면 그 말의 개념을 다시 심화해나가야 한다.

관용: **너그럽게 용서**하고 용납함
용서: 관용을 **베풀어** 벌하지 않음
용납: **너그러운** 마음으로 남의 언행을 받아들임
너그럽다: 마음이 넓고 크다
베풀다: 남에게 돈을 주거나 일을 도와서 은혜를 입히다

종합적으로 볼 때 관용이란 넓고 큰마음으로 남의 언행을 언짢아하거나 벌하지 않고 받아들이는 것을 이른다는 사실을 알게 되었다. 그리고 '관용을 베풀다'라는 표현을 많이 쓰는 것으로 보아 조건 없이 주는 것이라는 사실을 확실히 인식하게 되었다.

묵상하기

네모 치기, 상상하기, 사전 찾기의 과정을 거치면서 새롭게 이해하고 인식한 개념을 실제로 어떻게 구체적으로 적용할 수 있는지를 깊이 생각해본다.

나는 관용이란 말이 개인 사이에서만 쓰는 말인 줄 알았는데, 나라 사이에도 통하는 말이라는 사실을 새롭게 알게 되었다. 그런데 나라와 나라 사이에서 관용을 베푼다는 것은 어떤 의미일까? 세계 역사상 관용을 베풀지 못해 어려움을 겪은 적은 언제였던가?

개인의 삶에 비추어볼 때 나라 간의 관용이란 나라 사이에 문제가 생겼을 때 쳐들어가 전쟁을 하는 것이 아니라, 그 나라의 입장을 고려해 이해하고 평화적으로 해결하려고 애쓰는 것을 의미하는 것 같다. 현재 진행 중인 국제적인 문제, 예를 들면 중동분쟁 등을 관용이라는 입장에서 관심을 가지고 검토해보아야겠다.

개인에게 관용을 베풀 수 있는 크고 넓은 마음이 선한 양심이라면, 한 국가로서는 인류애일 것이다. 그러면 인류애는 어떻게 생겨나는가? 모든 인간의 존엄성을 인정하는 가치관에서 비롯되는 것 같다. 인간의 존엄성을 되새기고 이기주의적 생각을 점검해보아야겠다.

④ 개념 심화 학습법 실제로 해보기

예문

다음 글을 ① 한눈에 들어오는 만큼 사선을 친 뒤, ② 모르는 낱말에 네모를 치고, ③ 중심 내용에 밑줄을 치며 읽으세요.

오해

아침부터 비가 내리고 있었다. 외출할 일이 생겨 서두르다가 큰며느리의 친정아버지 생신이라는 것을 알게 되었다. 갑자기 선물을 사기도 어렵고 며느리가 친정에 갈 때 적당한 선물을 사 가지고 가게 하면 되겠다 싶어 봉투에다 약간의 돈을 넣었다. 하지만 이른 아침에 불쑥 찾아가는 것도 그렇고 아이들 단잠을 깨울 것만 같아 망설이다가 며느리를 동네 입구로 불러내어 전해주고 싶었다.

몇 번이나 다이얼을 돌렸는데도 받지를 않았다. 마음은 급하고 하는 수 없이 아들네 집으로 갈 수밖에 없었다. 벨을 눌렀더니 "누구세요?" 하는 며느리의 목소리가 들렸다. 그러나 문을 열어주는 사람은 잠에서 덜 깬 듯한 아들아이였다. 들어오라고 했지만 밖으로 나오게 해서 봉투만 전해주고 돌아섰다.

전화도 없이 불쑥 찾아간 것이 그리도 못마땅했을까? 주책스런 시어머니라고 인사조차 하기 싫었던가?

하필이면 왜 자는 사람을 깨워서 문을 열라고 하였을까? 이런

저런 생각이 범벅이 되어 마음을 어지럽혔다.

　좀 처연한 기분으로 걸어가는데, 누군가 등 뒤에서 "어머니!" 하고 불렀다. 고개를 돌려보니 큰며느리가 숨을 헐떡이고 있었다. "어머니, 그토록 마음 안 쓰셔도 되는데요" 하며, 머리를 감던 중이라서 남편에게 문을 열게 했다는 것이다. 머리는 물기에 젖어 있었고, 한여름에나 입을 수 있는 티셔츠를 입은 채 비를 맞고 있었다.

　"감기 들겠다. 어서 들어가거라" 하며 비를 맞으면서까지 나온 것을 나무라고 돌려보냈다. 돌아서서 발길을 옮기는데, 눈시울이 뜨거워지면서 잠시나마 오해했던 것이 부끄럽게 느껴졌다.

※출처: 이윤기, 〈오해〉

본문 글자 수	767자
읽은 시간	초
1분당 읽은 글자 수	자

1. 뜻을 확실하게 알 수 없는 낱말에 네모를 친 후 그 뜻을 상상해보세요.

_____

_____

_____

_____

2. 사전을 찾아보아 그 뜻을 확인하고 자신의 말로 정리하세요.

_____

_____

_____

_____

6

의식화하기

– 정보를 내면화하는 질문 학습법

---

① 의식화의 중요성

정보의 질서화와 구체화에 이어 우리가 해야 할 일은 정보를 의식화하는 일이다. 정보를 의식화한다는 말은 입수한 정보를 확실하게 인식해 그것과 관련된 것을 경험했을 때 언제든지 영향을 미칠 수 있는 상태로 만드는 것을 말한다. 예를 들어 환경오염의 실태와 원인, 대책 등을 다룬 글을 읽었다면, 그 내용을 머릿속에 확실히 자리 잡게 함으로써 실제로 환경오염 현장을 접했을 때 나름대로 생각하고 판단할 수 있게 하는 것이다.

사실 많은 정보를 입수하고 나름대로 질서화했다고 해도 그것이 반드시 의식화되어 태도에 영향을 미치지는 않는다. 어떤 문제에 대해 알고는 있지만, 자신의 입장에서 깊이 있게 생각해본 적이 없기 때문이다. 우리나라 학생들은 배우고자 하는 열의가 강해 방대한 지식을 머릿속에 집어넣기는 하지만 정작 "그 문제에 대해서 너는 어떻게 생각하니?"라고 물으면 대답을 못 하는 경우가 많다. 지식은 있는데 생각하는 지혜가 부족하다는 사실을 보여주는 대목이다. 이런 현상은 직업적으로 학문을 연구하는 사람들에게도 나타난다. 나른 사람의 학설, 주장은 많이 인용하는데 자신의 독창적인 학설, 주장을 펴는 사람을 만나기는 쉽지 않다. 그러나 만약 우리가 입수한 정보의 절반만이라도 철저하게 의식화 과정을 거친다면 상황은 달라진다. 이것이 바로 제대로 된 실력을 쌓는 길이다.

② 의식의 틀, 세계관

우리는 입수한 정보의 가치를 높이기 위해 지금까지 두 가지 단계를 거쳐왔다. 그 첫 단계는 지식을 재배열하는 과정으로 고공 학습법과 상관관계 학습법을 이용했다.

좀 더 심화하기 위한 두 번째 단계는 개념 심화 학습법, 즉 추상적 개념을 구체적 개념으로 바꾸기 위해 생각을 기록하고, 사전에 나온 뜻을 기록하고, 자신이 묵상한 내용을 기록하는 과정을 밟았다.

기존의 내 생각은 불완전하고 미숙하기 때문에 그것을 극복하기 위해 보편적 내용이 담긴 자료를 찾아내 생각을 조절해야 한다. 그러므로 그 세 번째 단계에는 정보를 내면화하는, 즉 세계관의 변화를 유도하고 의식화하는 훈련이 필요하다.

세계관과 문화

동남아 국가에서는 거지들이 도움을 받아도 시큰둥한 반응을 보인다. 만약 우리나라에서 거지를 도와주었는데 그런 반응이 보이면 조금은 놀라고 어쩌면 불쾌해할지도 모른다. 하지만 그곳의 거지들은 당당하다. 우리와 다른 문화적 배경에서 살고 있기 때문이다. 불교 문화권에서는 남을 도우면 돕는 사람이 선을 쌓는다고 생각한다. 그러므로 거지들로서는 도움을 주는 사람에게 고마워하기보다 자신이 오히려 상대방에게 선을 쌓을 기회를 준다고 생각하는 것이다. 그러니 이런 분위기에서 사는 거지들이 시큰둥한 반응을 보이는 것은 당연하다.

문화는 행동 양식을 포괄하는 개념이다. 행동 양식이 문화를 이루고, 그 행동 양식이 다르면 서로 거부감을 느끼거나 심지어 악감정까지 품게 된다. 같은 문화에서 사는 사람이라도 젊은 사람과 나이 든 사람이 충돌하기도 한다. 이럴 때 서로 상대의 행동 양식을 바꾸려 한다. 물론 강제로 바꿀 수 있지만 지속적이고 본질적인 변화는 쉽게 일어나지 않는다.

이런 행동 양식 아래에 가치 체계가 있다. 이는 서로 다른 행동 양식이 나타나는 배경이 된다. 가치 체계가 바뀌지 않고 행동 양식만 바뀌는 것은 일시적·피상적 수준에 그치는 경우가 대부분이다. 이러한 가치 체계를 바꾸기 위해서 윤리, 철학 등을 배우기도 하지만 그런다고 내면의 삶이 바뀌지는 않는다.

가치 체계 밑에는 세계관이 있다. 세계관은 비체계적이고 비학문적이며, 주관적이고 경험적인 성격을 띤다. 이는 인간 삶의 저변에 깔린 가치 체계와 행동 패턴을 형성하는 개념이다. 인간은 지금까지 자신이 겪은 경험을 바탕으로 반응한다. 경험과 지식을 믿고 사는 것이다. 그래서 그에 상반하는 의견이 나오면 흥분한다. 결국 인간의 행동 양식을 바꾸기 위해서는 세계관을 건드릴 수밖에 없다. 세계관이란 곧 인간이 자신의 주변 세계를 이해하는 나름의 견해와 관점이다.

세계관의 특징

세계관은 불완전하다. 인간은 다섯 가지 감각기관, 즉 오관五官을 통해서 경험한다. 그런데 오관이 불완전하기 때문에 정보를 어느 정도 왜곡해 입수한다. 그리고 우리가 인식할 수 있는 만큼 보고, 듣고, 느낀다. 이렇게 경험이 불완전하므로 그것을 바탕으로 하는 세계관도 그러하며, 거기에서 나온 가치 체계와 행동 양식 또한 불완전하다.

세계관은 고정되고 고착되는데, 이것이 폐쇄성으로 나타난다. 즉 서로 상반한 의견으로 충돌할 때, 양보하거나 절충하지 않고 자신의 주장을 고수하려는 경향을 보인다. 세계관은 경험으로 체득한 것이므로 지식과 체계로 설득되지 않는다. 그래서 경직되고 완고하다.

세계관의 변화

따라서 세계관은 수정하고 보완할 당위성이 있다. 불완전하며 고정되고 고착된 세계관에 개방성의 여지를 두어야 한다. 내 세계관이 한쪽으로 치우쳐 있으면 정보에서 글쓴이의 의도를 찾을 수 없다. 어떤 일이 생겼을 때 사람들 각자 선택하는 행동 양식이 다른데, 그것은 본래 자기가 가진 세계관이 올바르다고 생각하여 그 생각으로 일관하기 때문이다. 따라서 자기의 세계관과 반대되면 분노하고 흥분한다. 행동 양식과 가치 체계를 바꾸기 위해 지식과 체계와 논리를 이용하지만 세계관을 변화시키지는 못한다. 세계관을 바꾸기 위해서는 이전까지 한 것과 다른 새로운 체험이 필요하다. 세계관을 구성하는 요소를 나타내면 다음과 같다.

이성 + 체험 → 세계관

즉 이성과 체험이 세계관을 형성하므로, 세계관의 변화를 유도하기 위해서는 이성과 체험의 변화가 필요하다. 따라서 세계관은 특별한 의식을 갖지 않고서 바뀔 수 없다. 이때 필요한 경험과 지식은 정상적이고 보편적이며 상식적인 수준의 것이어야 한다.

올바른 세계관

올바른 세계관을 가지고 있다면 일관되고 통일된 삶을 살 수 있다. 이런 삶은 인생의 목적이 뚜렷한 사람에게 해당된다. 인생의 목적은 세계관을 바탕으로 하고 생동감 있는 삶을 살 수 있게 한다. 삶의 목적이 있기 때문에 항상 자신이 하는 일에 의미와 가치를 부여하고 자족하며 살아가므로 생동감이 있을 수밖에 없다. 올바른 세계관을 가지고 있으면 문화적 충격과 충돌 또한 극복할 수 있다. 우리는 다양한 문화에서 살아가기 때문에 여러 행동 양식과 가치 체계가 지속적으로 부딪치는데, 그때 세계관이 어떤 것을 취하고 버릴지 분별하는 기준이 되어준다. 그러므로 세계관을 바르게 정립하는 것이 의미 있고 올곧은 삶을 살아가는 데 무엇보다 중요하다. 그렇다면 올바른 세계관을 어떻게 가질 수 있을까? 질문 학습법이 그 해법이 될 것이다.

❸ 정보를 의식화하는 질문 학습법

입수한 정보가 머릿속에 확실하게 인식되어 그와 관련된 다른 정보를 얻었을 때 언제든지 내 것으로 만들 수 있는 상태를 의식화라고 한다. 그렇다면 인식은 무엇일까? 많은 사람이 인식이라는 말을 어떤 식으로든 지식을 머릿속에 새기는 것쯤으로 생각한다. 그래서 무조건 외운다. 그러나 인식이란 어떤 사건과 사물에 대해 폭넓게 이해하고 깨닫는 상태로, 외운다고 해서 생기는 것이 결코 아니다. 정보를 의식화하기 위해서는 다음의 세 과정이 필요하다.

첫 번째 과정은 책이나 강의 등에서 제시하는 객관적인 내용이 무엇인가를 정확하게 아는 것이다. 이는 사실을 사실로 객관적으로 받아들일 수 있다는 의미이고, 바로 학문하는 힘이 된다. 그런데 사람들은 대개 이런 힘이 약하다. 그래서 독후감을 쓰라고 하면 자기 생각과 글쓴이의 생각이 뒤섞여 있다.

그러나 객관화만 잘하는 사람은 다른 사람에게 지적으로 예속되기 쉽다. 그래서 객관적으로 받아들인 정보를 주관화하는 것이 필요한데 이것이 두 번째 과정이다. 주관화라는 것은 객관화한 정보에 좋았다 나빴다 하는 식으로 단순하게 반응하는 것이 아니라, 객관화 과정을 거치며 찾아낸 글쓴이의 주장에 대해 자신의 생각과 느낌을 밝히고, 비판하는 것이다. 그래야 지식의 꼭두각시 상태에서 벗어날 수 있다. 우리가 정보를 객관화하고 이를 다시 주관화하는 훈련을 계속한다면 의식 있는 학생과 학자를 많이 배출해 의식 있는 사회가 될 것이다. 즉 객관적인 상식이 통하고, 그 상식을 각자의 삶에 주관적으로 적용하는 사회가 될 것이다.

세 번째 과정은 객관화하고 주관화한 정보를 내가 체험하는 것이다. 이 체험을 상상하면서 훈련한다. 이 과정에서는 그 정보에 자신이 어떤 영향을 받을 수 있는지 자문한다. 이는 정보를 내 세계관의 영역으로 끌어들이고 내 생각을 일깨우는 과정이다. 이런 질문으로 결국 지금까지 내가 살면서 미처 생각하지 못했거나 왜곡한 부분에 자극을 주어 변화하는 기회를 가질 수 있다. 또 내 세계관을 다시금 점검해 올바르지 못한 세계관을 극복할 수 있다. 이때에는 내게 적용할 수 있는 질문을 던져야 한다. 그래야 그 질문에 답하면서 내 세계관에서 잘못된 것과 교정할 것을 찾을 수 있다.

④ 질문 학습법 실습

지금까지 고공 학습법과 상관관계 학습법으로 정보를 객관화하고, 개념 심화 학습법으로 객관화한 정보를 다시 주관화하는 과정까지 익혔다. 하지만 객관화하고 주관화한 정보가 삶에 영향을 주기까지는 아직 그 힘이 부족하다. 지식을 내 삶으로 가져오기 위해서는 그것이 내 삶에 어떤 영향을 줄지 예견할 수 있어야 한다. 그리고 예견한 문제들을 가지고 우리 삶에 대해 진지하게 질문해야 한다.

　질문 학습법은 글의 내용과 느낌이나 생각이 우리 안에 바르게 내재하게 돕는 장치이다. 우리 삶의 본질에 관한 질문을 자신에게 던져 그에 대한 해답을 얻는 것이다.

예문

진화는 과학적 사실인가

　인간의 기원 문제에 대해서는 여러 가지 견해나 학설이 있지만, 대별하면 자연적인 것과 초자연적인 것, 두 모델로 나눌 수 있다. 자연적 모델에는 다윈의 진화론이 그 대표적인 것으로, 사람은 우연한 원자 결합의 산물로 아메바를 거쳐 원숭이에서 진화했다는 학설이다. 또 자연적으로 생명이 발생할 수 있는 조건이 훨씬 좋은 외계에서 생명체가 저절로 생겨서 지구로 왔다는 가설도 있으나, 이것도 자연적 모델의 일종이라 할 수 있다.

초자연적 모델은 창조론으로서 사람이 진화론에서 말하는 것처럼 원숭이에서 진화된 산물이 아니라, 초자연적인 창조주(하나님)의 의도적인 설계의 산물이라는 견해이다. 창조론은 기독교 성경에 근거를 두고 있는데, 사람은 다른 생명과 구별되게 하나님의 형상으로 특별히 창조되었다는 것이다.

※출처: 한국창조과학회, 《진화는 과학적 사실인가》

객관화하기

인간의 기원 문제에 관한 견해에는 크게 두 가지, 즉 자연적 모델과 초자연적 모델이 있다.

주관화하기

내가 어릴 때부터 들어온 진화론은 법칙이 아니다. 인간의 기원은 과학적으로 측정이 불가능하므로 재현할 수 없다. 따라서 '진화법칙'이 아니라 '진화론'이다. 나는 학교에 다니는 내내 진화론이 아니라 진화 법칙을 배웠다. 그것은 가르치는 분과 교과서의 오류가 아닌가 생각한다. 과학적이려면 개방성을 띠어야 하는데, 그것이 무참히 무시되었던 예가 바론 진화론 교육인 듯싶다.

질문하기

내가 만일 인간의 기원과 관련해 자연적 모델이라는 견해를 받아들인다면, 그것은 초자연적 모델을 받아들이는 것과 너무도 큰 차이를 갖는다. 자연적 모델에 따르면 인간은 우연히 시간이 지나서 만들어진 존재이다. 하지만 초자연적 모델에 따르면 인간은 창조주의 계획 아래 특별히 만들어졌다. 인간에 대한 기본 개념부터 이렇게 확연한 차이를 드러낸다.

과연 인간은 어떤 존재인가? 우연히 만들어진 생물인가, 아니면 누군가 만들었는가? 나는 어떻게 살 것인가? 우연히 만들어진 존재라면? 초자연적으로 만들어진 존재라면? 만약 내가 누군가의 목적과 계획에 따라 만들어졌다면, 내가 살아가는 목표가 이미 있음이 분명하다. 그러면 그것은 무엇인가?

두 견해에 따라 내 가치는 달라진다. 그러면 나는 무엇을 선택할 것인가? 살면서 늘 드는 생각은 '과연 나는 누구인가? 어떤 존재인가?' 하는 물음이다. 과연 가치 있는 존재이며 살아갈 만한 의미가 있는가?

이 글을 읽고 드는 생각은 적어도 누군가 나를 만들었다면 그 존재의 의미가 있다는 것이다. 그것을 내가 알든 알지 못하든 말이다. 그냥 우연히 만들어진 산물이 아니라 누군가가 만든 작품이 되는 것이다. 그렇다면 나를 왜 존재하게 했을까? 왜 창조주는 내가 필요했을까? 한 사람 한 사람의 힘은 미약하며 나 역시 마찬가지이다. 과연 내가 해야 할 일은 무엇인가?

그런데 중요한 사실이 또 있다. 그것은 이 세상에는 사람이 아주 많다는 것이다. 75억 명의 사람이 이 지구에 살고 있다. 그러면 그 75억 한 사람 한 사람에게 똑같이 존재 의미가 있음은 물론이다. 나만이 아니라 그들 모두 나와 같은 존재의 의미를 지닌다. 그렇다면 이제야 뭔가 좀 보이는 것 같다. 내가 주인공이고, 나만 소중한 것이 아니라 내 눈에는 비록 보이지 않아도 어딘가에 살고 있을 그 사람 또한 주인공이고 소중한 존재이다. 자기중심적이고 이기적인 세계관에서 벗어나 남이 있음을 인식하고, 나만큼 그들도 소중한 존재임을 깨닫고, 그렇게 살아가는 것이 기본적으로 한 사람에게 주어진 삶의 목적이 아닐까? 그 점을 깨닫지 못하고 자기만 보이고 자기만 소중하게 생각하는 사람이 과연 얼마나 다른 사람을 수용하고 다른 사람에게 공감할 수 있을까?

⑤ 질문 학습법 실제로 해보기

예문

다음 글을 ① 한눈에 들어오는 만큼 사선을 친 뒤, ② 모르는 낱말에 네모를 치고, ③ 중심 내용에 밑줄을 치며 읽으세요.

"요즘 건강 어떠세요?"

오랜만에 만나는 사람에게 이런 인사를 자주 듣는다. 몇 해 전에 몸이 안 좋아 여러 번 병원 신세를 진 적이 있었기 때문이다.

그때마다

"네, 좋아요."

하고 대답한다.

그러면 그쪽에서

"정말 좋아졌어요?"

하고 다시 묻는다.

"네, 좋아지고 있다고 믿기로 했어요."

"내가 건강 안 좋다고 해봐야 좋아할 사람들은 따로 있는데, 자꾸 좋아지고 있다고 소문을 내야지요."

그러면서 서로 웃는다. 건강에 대한 인사는 좋다고 이야기해야 묻는 쪽이나 대답하는 쪽이나 서로 기분이 좋아진다. 그렇게 정신건강에 좋은 얘기를 나누다보면 실제로 몸이 좋아지는 것 같다는 생각이 든다.

얼마 전에 어떤 책을 읽다가 내가 하는 이런 이야기들이 아무 근거가 없는 건 아니구나 하는 생각을 하게 되었다. 사랑받는 세포일수록 건강하다는 것이다.

즉 정상세포는 동식물을 막론하고 주위 환경, 먹는 것, 운동하는 것 모두를 예민하게 감지한다고 한다. 식물이 태양에서 오는 빛에 예민하게 반응하면 동물에게도 세포조명이란 현상이 있어 표시를 한다는 것이다. 예를 들면 해수욕장에서 등에 광채가 나는 현상이나 성인들이 내는 특수한 빛인 발광, 사랑하는 사람들의 얼굴에 빛이 나는 현상들을 말한다.

정상세포는 빛에 반응하여 반사하는데 암세포는 반사하지 않는다. 정상세포는 일반 빛에도 반응하지만 사랑이라는 에너지에는 더욱 강력하게 반응한다.

쥐의 실험과 원숭이의 실험 결과, 사람의 사랑을 받는 동물은 오래 산다고 한다. 과학자들은 쥐의 수명이 약 750일이라고 했는데 쥐의 실험 결과 쥐가 사람의 사랑을 받으면 950일을 살 수 있다는 것이다. 반대로 소외되어 자란 동물은 성격이 포악하게 되며 동족을 물어 죽이기까지 한다.

이 두 그룹의 두뇌를 해부해본 결과 사랑을 받은 쥐는 신경세포가 보통 동물보다 양적으로 많았으며, 고독하게 자란 동물은 신경세포가 고독하게 보인다는 것이다. 이것은 사랑이라는 에너지가 동물의 몸에 들어가 뇌세포 성장 호르몬을 생성하는 인자를 자극해서 결국 뇌세포가 증식하도록 한 증거라고 한다.

그래서 사랑받는 세포는 암도 이긴다는 것이다. 많은 질병이 스트레스와 과로에서 온다고 하는데 소외감, 고립감, 낙오와 실패에 대한 두려움, 성공에 대한 무리한 집착, 소유와 경쟁에 대한 강박관념, 이런 것을 견딜 수 없을 때 정상적인 정신 구조, 세포 활동 등에 이상이 생기는 것이고 그것이 질병으로 신호를 보내는 것이다.

자기가 하는 일에 만족을 느끼고 주위로부터 사랑과 인정을 받고 있다고 생각하며 기쁨과 희망을 자기 자신과 남에게서 발견하는 삶은 광채가 날 것이 분명하다.

욕망의 기대치를 낮추면 행복의 수치가 높아지는 법이다. 그렇게 자기 자신에게 기쁨이 되는 쪽으로 생각하고 믿고 행동하면 자기 몸속의 세포가 사랑으로 받아들이고 반응할 것이며, 그 반응은 결국 사람의 얼굴에 사랑으로 빛을 내게 되지 않겠는가.

※출처: 도종환, 《그때 그 도마뱀은 무슨 표정을 지었을까》

본문 글자 수	1,399자
읽은 시간	초
1분당 읽은 글자 수	자

1. 이 글의 줄거리를 쓰세요.

_____

_____

_____

2. 이 글을 읽고 드는 느낌이나 생각을 쓰세요.

_____

_____

_____

3. 이 글이 내 삶에 어떤 영향을 줄 수 있는지 질문하고 답하세요.

_____

_____

_____

_____

_____

_____

7

글로 표현하기
– 정보를 글로 나타내는 서술적 언어 표현법

① 글쓰기의 중요성

외부에서 입수해 두뇌 활동으로 심화된 정보는 말이나 글로 다시 외부로 표출된다. 정보를 표현하는 욕구는 사람의 자연스러운 본능 중 하나이고, 표현함으로써 가장 확실하게 정보를 얻을 수 있다. 가르치는 것이 가장 좋은 학습이라는 말과 같은 맥락이다.

정보 표출의 대표적 방식인 글쓰기는 인간의 표현 욕구를 충족하는 수단인 동시에 사람의 생각을 종합적으로 평가할 수 있는 도구이다. 글은 정보를 효과적으로 전달하거나 설득하기 위해 쓰는 것으로, 글을 잘 쓰기 위해서는 분석력과 비판력, 창의력과 통찰력 등이 필요하다.

이런 측면에서 볼 때 옛날 과거제도는 매우 흥미롭다. 글쓰기 실력으로 인재를 등용하기 때문이다. 언뜻 생각하기에는 그렇게 해서 인재를 제대로 뽑을 수 있을까 하는 의문이 들 수도 있지만, 곰곰이 생각해보면 옳은 방법이라는 사실을 깨닫게 된다. 과거 시험에 출제된 논제에 답하기 위해서는 그것을 해석하는 지적 능력과 주변 상황을 통찰하는 지혜, 그리고 그것을 구성해 표현하는 능력을 가져야 하기 때문이다.

많은 사람이 글쓰기에 엄청난 부담을 느낀다. 글은 자신의 생각을 표현하는 수단인데 그 수단을 활용하는 데 바탕이 되는 분석적이고 창의적으로 생각하는 훈련이 되어 있지 않기 때문이다. 그래서 논술 시험에서 거의 모든 글이 천편일률적인 기이한 현상이 일어나기도 한다. 이는 다른 공부하듯 글쓰기도 몇 가지 유형에 따라 암기하는 데서 기인한다.

오늘날은 정보가 최고의 자본인 시대이다. 과학기술의 발달로 정보의 유통이 편리해지면서 지식의 확대·재생산이 활발히 이루어지고 있다. 이 말은 소수 특정 집단의 특권이던 정보활동의 기회가 이제는 모든 사람에게 열려 있으며, 어떤 사람도 정보를 입수하고 표출하는 일과 무관할 수 없다는 뜻이다. 정보화 시대에 정보를 받아들이고 내보낼 능력이 없다는 것은 시대가 요구하는 실력을 갖추지 못했음을 의미한다.

정보화 시대에 글쓰기 능력은 인간적이고 창조적인 생활을 위한 필수 기본 기능 중 하나이다. 따라서 글쓰기로 자신의 생각을 표현하는 능력을 길러야 한다.

② 글쓰기의 과정

글을 쓰는 과정과 훈련을 간단히 표로 나타내보자.

지식의 입수와 표출은 반대의 개념이다. 하지만 지식의 입수 없이는 표출이 있을 수 없다. 들어간 것이 있어야 나올 것이 있게 마련이다. 우리 안에 하고 싶은 말이나 전달하고 싶은 말이 쌓이면 우리는 그것을 말로 하거나 글로 쓴다. 바로 이것이 표출이다. 그러므로 입수와 표출은 반대의 개념이지만 결국은 하나인 셈이다. 그렇지만 입수한 것을 그대로 표출하지는 않는다. 지금까지 우리가 경험한 학문의 9단계 과정을 보면 이것을 설명하기 쉬운데, 입수한 다음에 그 내용을 심화해 표출한다.

말이나 글로 표출할 때는 우리가 입수할 때와 마찬가지로 어떤 형식과 내용을 띠게 된다. 그때 필요한 형식은 그 글을 담는 그릇이 되고, 그 내용은 그릇에 담는 음식이 된다. 그리고 글의 내용에서는 특히 독창성이 우선된다. 내가 표출한 정보도 그 많은 정보 중 하나이지만, 독창성이 있을 경우에는 듣는 이나 읽는 이의 관심과 공감을 얻을 수 있기 때문이다. 그러므로 우리가 글을 쓸 때는 어떤 구조로 담아낼 것인가 하는 형식과 무엇을 담아낼 것인가 하는 내용을 갖추기 위한 훈련이 필요하다. 여기에서는 형식보다 그 내용의 독창성을 알아보기로 한다.

독창성이란 자기 혼자의 힘으로 새롭고 독특한 것을 만들어내는 것을 말한다. 이것을 뒷받침하기 위해 세 가지 조건을 갖추어야 하다.

① 논리성: 남을 이해시킴

② 함축성: 간결하게 함

③ 본질성: 중요한 것을 강조함

즉 글에 어떤 흐름이 없으면 읽는 이가 이해하기 어렵다. 그렇기 때문에 논리성을 갖추어야 하고, 길게 풀어서 쓰면 자세하기는 하지만 길어지는 만큼 의미가 잘 정리되지 않아 이해하기 어렵다. 그러므로 간단히 짧게 쓰는 함축성이 필요하다. 또 무엇을 말하려고 하는지 찾기 어려우면 이해하기도 어렵기 때문에 중요한 것을 강조하는 본질성이 필요하다.

③ 평면적 글쓰기와 입체적 글쓰기

글쓰기는 일반적으로 형식에 따라 설명문, 논설문, 일기, 편지, 시, 소설, 수필, 기행문, 독후감, 보고서 등으로 나뉜다. 또 설명문과 논설문으로 대변되는 논리적인 글과 일기나 편지, 시, 소설, 수필 등의 문학적인 글로 구분하기도 한다. 그러나 논리적인 글이라는 기준은 엄격히 따져 볼 때 적절하지 않다. 논리적이라는 말은 이치에 맞는다는 뜻인데 논설문이든 소설이든 일기든, 글은 기본적으로 모두 논리적이어야 하기 때문이다. 따라서 이 책에서는 글쓰기를 좀 더 간결하고 현실적인 차원에서 구분하고, 그에 따른 접근법을 알아보고자 한다.

글을 쓰는 목적은 무언가 할 말이 있기 때문이고, 글을 쓴다는 것은 바로 그 할 말을 표현하는 방법이다. 그리고 말을 하는 데는 직접적인 방법과 간접적인 방법 두 가지가 있고, 이 두 방법은 해야 할 말의 성격과 상황에 비추어 가장 효율적인 방식으로 정하는 것이지 우열의 기준이 되는 것은 결코 아니다.

예를 들어 어떤 청년이 마음에 둔 여성에게 자신의 마음을 알리고 싶어 한다고 하자. 만약 그 여성의 성격이 화통해서 그런 솔직함을 좋아하고 마침 함께할 이성을 찾고 있다는 사실을 알았다면, 청년은 용감하게 나는 당신이 이러저러해서 좋고 사귀고 싶다며 직접적으로 자신의 마음을 알리는 방법을 택할 것이다. 그러나 만약 그 여성이 오래 생각한 끝에 무언가를 결정하고 행동하는 편이라면, 청년은 섣불리 자신의 마음을 내보이지 않고 자연스럽게 친해질 수 있는 방법으로 은근히 자신의 마음을 전할 것이다.

글쓰기에서 하고자 하는 말은 중심 생각, 즉 주제에 해당한다. 그러므로 하고자 하는 말을 직접적으로 하는 방법이란 주제가 곧바로 드러나도록 글 표면에 주제를 직접적으로 쓰는 것을 의미한다. 이런 글은 별다른 장치 없이 한눈에 알아볼 수 있게 중심 생각과 보조 생각으로 구성한 글이기 때문에 평면적 글쓰기라고 부른다.

한편 하고자 하는 말을 간접적으로 하는 방법은 주제가 은근히 드러나도록 글 내부에 주제를 숨겨두는 것을 의미한다. 이런 글은 겉으로 보이는 내용 속에 숨겨둔 진짜 주제가 따로 존재하는 모양새를 띠는 글이기 때문에 입체적 글쓰기라고 이름 붙인다.

이렇게 평면적 글쓰기는 중심 생각을 그대로 드러내는 것이기 때문에 사실을 사실 그대로 표현하는 반면, 입체적 글쓰기는 자신의 중심 생각을 드러내지 않으면서 전달해야 하기 때문에 상징이라든가 함축 등의 형식을 빌려 표현한다. 그리고 글의 형식 측면에서 보면 주제를 드러내야 하는 평면적 글쓰기는 주로 설명문과 논설문처럼 정보 전달을 목적으로 하는 글을 쓸 때 활용하는 방법이고, 주제를 숨겨야 하는 입체적 글쓰기는 주로 시와 소설 같은 문학작품을 쓸 때 이용하는 방법이다.

정확하게 쓰기

– 주제를 드러내는 평면적 글쓰기

① 평면적 글쓰기는 글 분석의 역순으로

글쓰기는 글 읽기의 역逆이다. 글을 쓸 때는 글 읽는 사람의 입장을 고려해 자신의 생각을 전개해야 한다. 평면적 글쓰기는 중심 생각이 분명하게 드러나게 쓴 글을 말한다. 그러므로 중심 생각이 분명하게 드러난 글을 읽는 방법인 글 분석법을 역순으로 실행하면 된다.

글을 정확하게 읽기 위해서 중심 문장에 밑줄을 치면서 다섯 가지 질문에 답하는 방법이 글 분석법이다. 따라서 글 분석법의 역순이란 다섯 가지 중 마지막 질문부터 첫 질문까지 거꾸로 답하며 글을 써나가는 것이다.

글 분석을 위한 다섯 가지 질문

Q1. 몇 개의 문단으로 이루어져 있는가?

Q2. 문단의 중심 내용은 무엇인가?

Q3. 형식은 무엇인가?

Q4. 주제는 무엇인가?

Q5. 제목은 무엇인가?

평면적 글쓰기를 위한 다섯 가지 질문

W1. 어떤 제목으로 쓸 것인가?

W2. 어떤 주제로 쓸 것인가?

W3. 어떤 형식으로 쓸 것인가?

W4. 문단의 중심 내용은 무엇인가?

W5. 문단의 보조 문장을 어떻게 쓸 것인가?

이러한 글쓰기를 위한 다섯 가지 질문이 바로 이 글의 개요이다. 즉 글의 고공표인 셈이다. 우리가 글을 제대로 분석하기 위해 고공표를 만든 것처럼, 글을 규모 있고 짜임새 있게 쓰기 위해서도 고공표가 필요하다. 그래야 빠진 부분과 필요 없는 부분을 알 수 있다. 따라서 글을 쓰기 전에 이런 과정을 꼭 밟아야 한다.

② 다섯 가지 질문으로 완성하는 평면적 글쓰기

W1. 어떤 제목으로 쓸 것인가?

제목은 글 전체를 대표하는 얼굴이며, 글의 내용과 성격을 가장 잘 드러내는 부분이다. 그러므로 그 점을 잘 반영하는 제목을 고르는 일이 중요하다. 그래서 글감이나 글의 주제를 어느 정도 암시하며, 되도록 어감이 좋고 인상적인 어구로 정하는 것이 바람직하다. 글쓰기 대회에서 '5월' 또는 '어머니'라는 제목을 제시하거나, 논술 시험에서 '과학기술과 인간의 생활'이라는 제목을 제시하는 것이 그 예이다.

W2. 어떤 주제로 쓸 것인가?

제목이 제시되었거나 제목을 결정했다고 해서 곧바로 본문을 쓸 수 있는 것은 아니다. 우선 그 제목에 대해 깊이 생각하면서 자신이 무엇을 말하고 싶은지 주제를 정해야 한다.

예를 들어 '과학기술과 인간의 생활'이라는 제목으로 글을 쓸 경우 '과학기술의 발달은 인간의 생활을 편리하게 만든 공신이다'라는 데 초점을 맞추어 글을 쓸 수도 있을 것이고, '과학은 인간의 생활을 윤택하게도 하고 메마르게도 한다'라는 데 초점을 맞추어 글을 쓸 수도 있을 것이다. 이렇게 똑같은 제목을 가지고도 각각 다른 주제로 글을 쓸 수 있다. 사람마다 제목에 담긴 현상을 바라보는 관점이 다르기 때문이다.

W3. 어떤 형식으로 쓸 것인가?

주제를 효과적으로 전개하기 위해서 어떤 논리적 흐름을 밟아야 하는지 생각하면서 연역적, 즉 두괄식으로 결론을 낼 것인지, 아니면 귀납적, 즉 미괄식으로 결론을 낼 것인지를 정해야 한다. 다시 말해 자신이 말하고자 하는 주제를 제일 먼저 던져놓고 그 이유를 설명해갈 것인지, 아니면 여러 가지 상황을 설명하면서 끝에 가서 주제가 드러나도록 할 것인지를 정한다. 이런 형식을 정하는 방법에는 일정한 원칙이 없다. 저자가 글을 읽을 대상을 감안해 상황에 맞게 결정하면 된다. 대체로 서양인은 두괄식을, 한국인은 미괄식을 선호하는 경향이 있다.

'과학은 인간의 생활을 윤택하게도 하고 메마르게도 한다'라는 주제로 글을 쓸 때 이 주제를 첫 부분에 바로 드러낸 후 구체적인 사례를 들어 이야기를 전개하는 방법이 있고, 반대의 방법도 있다. 때에 따라서는 사례마다 주제를 늘어놓는 병렬식도 있고, 주제를 숨기는 무괄식도 있다.

W4. 문단의 중심 내용은 무엇인가?

형식까지 결정했으면 다음으로 각 문단의 중심 문장을 만든다. 모든 글은 문단으로 되어 있기 때문에 주제와 형식을 잘 생각했다 해도 문단을 제대로 나누지 못하면 좋은 글이 될 수 없다. 그리고 문단은 그 문단의 핵심 내용을 담은 중심 문장과 그 내용을 뒷받침하는 보조 문장으로 나뉘기 때문에 먼저 중심 문장을 잘 만드는 것이 중요하다. 이렇게 만든 것이 바로 문단의 중심 내용이다.

'과학은 인간의 생활을 윤택하게도 하고 메마르게도 한다'라는 주제로 미괄식 글을 쓰려면 다음처럼 문단의 중심 문장을 만들어가면 된다.

① 과학기술이 급격히 발전하고 있다.

② 이에 따라 인간의 생활이 과거에 비해 아주 편리해졌다.

③ 그러나 그러한 과학기술 때문에 인간의 삶이 자유롭지 못하는 부정적 면도 있다.

④ 휴대전화는 편리하지만 인간을 얽어매는 장치가 되기도 한다.

⑤ CCTV도 편리하지만 인간을 얽어매는 장치가 되기도 한다.

⑥ 이렇게 과학은 인간의 생활을 윤택하게도 하고 메마르게도 한다.

W5. 문단의 보조 문장을 어떻게 쓸 것인가?

마지막으로 중심 내용에 살을 붙여 한 편의 글을 완성할 차례이다. 중심 문장을 뒷받침할 보조 문장들을 써나가 글을 마무리한다. 이때는 여러 가지 사례, 자료나 예화를 많이 제시하는데 이는 중심 내용을 적절하게 뒷받침하는 논리적이고 설득력 있는 내용이어야 한다.

앞의 질문에 답한 것을 모아보자.

제목: 과학기술과 인간의 생활

주제: 과학은 인간의 생활을 윤택하게도 하고 메마르게도 한다.

형식: 미괄식

문단의 중심 내용

① 과학기술이 급격히 발전하고 있다.

② 이에 따라 인간의 생활이 과거에 비해 아주 편리해졌다.

③ 그러나 그러한 과학기술 때문에 인간의 삶이 자유롭지 못하는 부정적 면도 있다.

④ 휴대전화는 편리하지만 인간을 얽어매는 장치가 되기도 한다.

⑤ CCTV도 편리하지만 인간을 얽어매는 장치가 되기도 한다.

⑥ 이렇게 과학은 인간의 생활을 윤택하게도 하고 메마르게도 한다.

이것이 이 글의 고공표이자 개요이다. 문단의 중심 내용을 뒷받침하는 내용을 쓰면 글 한 편을 완성할 수 있다.

③ 평면적 글쓰기 실습

다음 고공표를 바탕으로 글을 써보자.

제목: 오존층이 사라지고

주제: 오존층이 파괴되고 있다.

형식: 두괄식

문단의 중심 내용

① 오존층이 파괴되고 있다.

② 오존층의 파괴가 가장 극심한 곳은 남극지방이다.

③ 오존층이 파괴되어 대량의 자외선이 직접 지상에 도달하면 지구의 생태계에 커다란 영향을 미친다.

④ 염화불화탄소CFC가 오존층을 파괴하는 데 가장 큰 역할을 하는 것으로 밝혀졌다.

예문

오존층이 사라지고

오존층이 파괴되고 있다. 오존층은 지상으로부터 30km 정도 높이의 성층권에 자리하고 있다. 오존층은 오존을 비교적 많이 함유하고 있어서 태양이 발산하는 자외선을 흡수한다. 그렇기 때문에 자외선이 지상에 도달하지 못하도록 자연스럽게 차단한다. 오존층은 지상의 생태계가 자외선 때문에 파괴되는 것을 막아주는, 생태계의 보호막이 되고 있다. 그런데 이 오존층이 파괴되고 있음을 최근에 세계 곳곳에서 확인하고 있다.

오존층의 파괴가 가장 극심한 곳은 남극지방이다. 지난 1980년대를 거쳐 일부 지역에서는 40%의 오존이 감소한 곳도 있음을 확인하였다. 지구 전체로 본다면 1970년대 후반보다 1980년대 후반에 대략 3% 정도의 오존 감소 현상이 나타나고 있으며,

이런 추세는 더욱 빠르게 진행되고 있다.

오존층이 파괴되어 태양의 자외선이 직접 지상에 도달하게 되면, 지구의 생태계에 커다란 영향을 미치게 된다. 자외선은 생명체의 유전자를 교란시켜 피부암을 일으키며, 질병에 대한 저항력을 약화한다. 농작물에도 치명적인 피해를 입혀서 생산을 감소시키고, 바닷속의 플랑크톤을 죽여서 어류의 수확에도 영향을 미치게 한다.

오존층을 파괴하고 있는 물질은 여러 가지가 있지만, 그 가운데서도 염화불화탄소라는 것이 오존층을 파괴하는 데 가장 큰 역할을 하는 것으로 밝혀졌다. 염화불화탄소는 화학물질 중에서 가장 안정되고 인체에 무해한 것이어서, 에어컨이나 냉장고의 냉매, 단열재로 널리 쓰여왔으며, 스프레이의 분사제, 쿠션의 발포제, 정밀 제품의 세정제로 폭넓게 사용하여왔다. 이것이 성층권에 올라가 강한 자외선을 받으면 분해되어 염소 원자를 내게 되는데, 그 염소 원자가 오존과 작용하여 오존층을 파괴시키는 것으로 알려졌다.

※출처: 권영민, 《고등학교 작문》

4 평면적 글쓰기 실제로 해보기

① 자신이 쓰고 싶은 제목을 정해서 주제와 형식을 맞추어 중심 내용을
완성하고, ② 중심 내용에 맞는 문장을 덧붙여 써서 글을 완성하세요.

 1. 제목: 내가 꿈꾸는 세상

 2. 주제:
_____

_____

 3. 형식:
_____

 4. 문단의 중심 내용

① _____

② _____

③ _____

④ _____

⑤ _____

5. 글의 내용

보물 숨기기
– 주제를 숨기는 입체적 글쓰기

① 입체적 글쓰기의 중요성

현재 우리나라의 읽기와 쓰기 교육은 다소 이분법적이다. 초등학생 때는 독후감, 일기, 편지, 시 등 다양한 종류의 글을 읽고 쓰게 하지만, 중·고등학생이 되면 교과서와 수험서 외에는 책을 잘 읽지 않으며 읽는다고 해도 논설문이나 설명문에 한정된다.

이렇게 된 배경에는 이유가 있다. 초등학생 때는 그나마 시간적 여유가 있으니까 이것저것 시키지만, 학교 공부를 따라가기에도 바쁜 중·고등학생 때는 수능시험이나 논술에 도움이 되는 글을 다루기에도 벅차다고 생각하기 때문이다. 그렇다. 우리 아이들이 모두 시인이나 소설가가 될 것은 아니다. 그리고 현실을 무시할 수 없기 때문에 학교교육을 따라가기 위해 노력해야 한다.

하지만 논설문이나 설명문 같은 사실적인 글만 잔뜩 읽고 쓴다고 해서 논리적인 힘을 최대로 끌어올릴 수 있는 것은 아니다. 시나 소설 같은 문학작품은 고도의 기술을 이용해 주제를 보이지 않게 함축적으로 숨겨두었을 뿐이지 논리가 빈약하고 감상적이기만 한 글이 아니다. 더욱이 문학은 인간의 표현 욕구에서 출발한 글이기에 자신과 다른 사람들의 삶을 더욱 풍성하게 가꾸기 위해 꼭 필요하다. 이처럼 문학은 인간의 감수성을 자극해 계발한다. 이러한 힘이 바로 글을 쓸 때에 필요한 상상력과 관찰력의 밑거름이 된다.

따라서 우리는 논설문과 설명문처럼 주제를 드러내는 평면적 글쓰기뿐 아니라 시와 소설같이 고도의 형식을 빌려 주제를 숨기는 입체적 글쓰기도 훈련할 필요가 있다. 입체적 글쓰기 훈련을 하면서 자신의 주관을 더욱 뚜렷이 세울 수 있고, 주제를 드러내는 효과적인 방법을 익힐 수 있다. 이러한 힘은 앞에서 설명한 개념 심화 학습법과 질문 학습법으로 우리의 생각을 훈련해 기를 수 있다. 이 같은 과정이 바탕이 되어야 입체적 글쓰기가 풍성해진다.

하지만 입체적 글쓰기를 할 때에 주의할 점이 있다. 입체적 글쓰기는 우리의 상상력을 이용한 창의적이고 반응적인 활동이어서 극히 주관적 경향이 있다. 더구나 상징적인 언어를 사용하므로 더욱 그럴 가능성이 높다. 하지만 시도 글이며, 글의 목적은 무엇인가를 전달하는 것임을 잊지 말아야 한다. 아무리 생각해도 알 수 없는 시, 즉 난해한 시는 알맞지 않다. 그 시를 이해할 수 있는 사람이 오직 나, 글쓴이 하나라면 문제가 있는 것이다. 따라서 지나치게 주관적이고 경험하기 드문 일, 즉 공감하기 어려운 소재나 내용까지 굳이 쓸 필요는 없다. 보편적이면서도 자기만의 독특한 경험이 바로 좋은 소재이다.

② 보물을 숨기는 입체적 글쓰기

평면적 글쓰기가 글 분석의 역순이라면, 입체적 글쓰기는 글 감상법의 역순이다. 글 감상의 원리는 숨겨진 보물을 찾듯 주제를 찾는 것이다. 글 감상의 대상이 되는 문학작품은 함축적인 표현을 위해 대부분 주제를 상징적으로 숨겨서 나타내기 때문이다. 따라서 그 상징을 푸는 '보물 찾기'가 정보를 입수하는 글 감상의 주된 작업이라면, 정보를 표출하는 입체적 글쓰기는 주제를 상징적으로 표현하는 '보물 숨기기' 작업이 필요하다.

글 감상에서 보물 찾기는 글쓴이가 숨겨둔 보물의 행방을 상상으로 좇는 것이다. 보물 숨기기는 그 반대로 보물, 즉 자신이 말하고자 하는 주제를 찾아 나설 사람들을 생각하면서 숨겨두는 것이다.

깊이 숨긴 보물, 시

시는 짧은 형식의 글에 자신의 느낌과 생각을 담아낸다. 절제와 압축, 즉 함축은 시의 생명이라고 할 수 있다. 그리고 그 속에 생각과 느낌을 묶어 하나의 풍경을 만들어낸다. 시의 이러한 풍경을 '영상image'이라고 한다. 그래서 시를 읽으면 그림을 보는 듯한 느낌을 받는다. 이런 효과를 얻기 위해서는 상징과 은유 같은 기법을 사용한다. 이러한 기법은 쉽게 말하면 텍스트 모드를 그래픽 모드로 바꾸는 것이다. 어떤 정보를 자세하게 설명하는 것과 그것을 사진으로 담는 것은 어쩌면 같은 행동일지 모르나, 사진이 매우 간결한데도 컴퓨터에 저장할 때 많은 용량을 차지하는 것처럼 비유와 역설, 상징, 암시 등을 사용하면 매우 간결하지만 그것이 담고 있는 내용은 매우 크다. 그래서 우리는 시를 읽을 때 짧은데도 긴 글 못지않게, 어쩌면 더욱 강렬하게 공감하고 감동받는다.

그리고 시는 소리 내어 읽을 경우 일정한 리듬을 발견할 수 있다. 즉 어느 정도 장단에 맞도록 쓰여 있다. 하지만 리듬이 규칙적으로 표현되지 않아도 보통의 다른 글과 구별되는 어떤 흐름이 내재한다. 그러므로 시를 쓸 때는 효과적으로 행과 연을 구분하는 작업이 필요하다. 시에서 문장과 문단의 역할을 하는 것이 행과 연이다. 행은 시의 내용을 알맞게 끊어 노래하듯 읽히게 한다. 따라서 한 문장이 한 행일 수도 있지만 내용의 흐름이나 글쓴이의 호흡에 따라 더 나눌 수도 있다. 연은 장소나 시간, 이야기의 내용이나 주인공이 바뀔 때, 또 어떤 내용을 강조하기 위해 나눈다. 또 내용에 따라 연을 가르지 않기도 하고, 한 행이 한 연이 되기도 한다.

시가 일정한 형식미를 갖추어야 하지만, 그렇다고 의사소통을 위한 언어 구조를 갖지 않아도 된다는 것은 아니다. 즉 의미를 전달할 수 있어야 한다. 자칫 의미가 분명하지 않은 언어를 사용해 문맥상 혼란을 가져오는 경우가 있으므로 주의한다.

상징적 · 은유적 언어를 사용하는 시를 쓰기 위해서는 단어를 선택하는 과정이 중요하다. 그러기 위해서는 새로운 단어와 관련된 언어를 찾아내야 한다. 연상이 필요하다는 뜻이다. 만약 선물을 받았다고 가정하자. 선물을 받은 기쁨을 '하늘을 날 것 같다. 콧노래가 절로 나온다'

고 표현할 수 있다. 이런 식의 표현은 막연히 '기쁘다'고 하는 것보다 좀 더 멋진 표현이 된다. 또 연상이 잘되어야 시를 잘 쓸 수 있다. 시인은 아마도 이러한 연상 작용이 활발한 사람일 것이다. 그들은 어떤 상황이나 내용을 꼭 맞게 표현하는 절묘한 어휘를 고를 수 있다. 그래서 우리는 그들을 언어의 마술사라 부르지 않는가.

③ 보물 숨기기 1 – 연상하기

연상이라는 말은 사전적으로 이어져서 떠오른다는 뜻이다. 이는 단짝이 전학 갈 때 주고 간 손수건을 보고 그 친구와 함께한 추억을 자연스럽게 떠올리는 것부터 당대의 어떤 사건을 접하고 과거에 일어난 일이나 다른 나라에서 일어난 일과 연결 짓는 것까지 그 내용과 범위가 다양하다.

그런데 이런 연상 능력은 창의력과 상상력, 반응력과 연관되어 글의 수준을 결정한다는 면에서 중요하다. 훌륭한 글을 쓰는 것은 글의 제목을 제시했을 때 얼마나 뛰어난 주제를 선정하느냐, 그리고 그 주제를 어떤 내용으로 엮어내느냐에 달려 있다.

연상을 잘하기 위해서는 제시된 제목 또는 어떤 사물이나 사건에서 먼저 자신의 독특한 경험을 바탕으로 주제를 선정해야 한다. 이때 주의해야 할 한 가지는 보편성이 있는 자신의 독특한 경험이어야 한다는 점이다. 자신의 경험에 충실한 나머지 아무도 그것을 해석할 수 없다면 그것은 이미 글로서 가치를 잃기 때문이다. 보물을 숨기는 것은 그것을 반드시 찾도록 하는 데 목적이 있다.

이 단계에서는 쓰고 싶은 글의 제목과 주제를 정해 그것과 관계있는 것을 찾아내 글의 소재를 모은다. 어떤 장면이나 사물을 본 것이 글을 쓰는 동기를 제공할 수도 있고, 주제와 관련된 것을 상상하다가 찾을 수도 있다. 하지만 이 두 경우 모두 자신의 세계 안에서 결정된다는 공통점이 있다. 그러므로 글을 쓰기 위해서는 미리 경험과 지식을 축적해 놓아야 한다.

연상은 그 사람의 생각을 반영한다. 따라서 그 사람의 사고와 관심 분야가 드러나게 마련이다. 원래 정서가 풍부한 사람은 별문제가 되지 않지만, 사실 표현이 풍부한 사람은 그 표현을 좀 걸러내야 한다. 예를 들어, '강아지'와 연관된 '보신탕'이라는 단어가 떠올랐다고 하자. 물론 이것이 글의 좋은 소재가 될 수도 있지만, 처음으로 시를 쓰는 우리에게는 그리 좋은 소재가 아니다. 사람들이 보편적 시각으로 다루는 느낌과 정서를 표현해보는 것이 중요하기 때문이다. 그러나 그 수준을 넘어서면 보신탕을 소재로 충분히 시를 쓸 수 있을 것이다.

생각이 잘 떠오르지 않을 경우에는 마인드맵 형식의 고공표를 그려보는 것이 도움이 된다. 자신이 쓸 글의 제목이나 주제, 그리고 그와 관계있는 단어를 중심으로 상상의 가지를 뻗어가는 방법이다. 예를 들어, '웃음'이라는 주제로 글을 쓴다고 하자.

• 웃음과 비슷한 말로 떠오르는 것은 무엇인가?
 — 웃음 — 기쁨 —

- 그렇다면 그 반대 개념은 없는가?
  — 울음 — 웃음 — 기쁨 —

- 그렇다면 내가 실제로 웃는 때는 언제인가?
  — 울음 — 웃음 — 기쁨 —
  동생하고 노래하고 춤출 때

- 내가 다른 사람에게 웃음을 줄 때는 언제인가?
  — 울음 — 웃음 — 기쁨 —
  동생하고 노래하고 춤출 때
  내가 밥을 잘 먹을 때

이런 식으로 중심이 되는 말을 여러 면에서 생각해 가지를 친다. 그리고 그 가지에서 다시 가지를 뻗어 계속 확장하면 그것이 글감이 된다. 그러면 그중에서 글에 알맞은 것을 골라 다음 단계로 넘어간다. 하지만 이런 마인드맵 형식의 고공표가 특히 필요한 때는 쓸거리가 생각나지 않을 경우이다. 사실 자기가 무엇을 쓸지 생각났다면 대부분 쓸거리를 이미 가지고 있다. 이것저것 보고 듣고 느껴 쓸거리가 모이니 이런 이야기를 해야겠다는 생각이 들기 때문이다. 그러므로 늘 쓸거리를 찾는 태도가 필요하다. 생활 주변의 무엇이든 시의 소재가 될 수 있으므로 항상 세심하게 관찰한다. 무엇을 보든 호기심을 가지고 치밀하게 사물을 관찰하고, 관찰한 것 가운데 특히 인상적인 점을 간추리는 습관을 들여야 한다. 이러한 습관이 몸에 밸 때 상상력과 감수성이 풍부해진다.

4 보물 숨기기 2 – 함축·상징하기

다음 글로 보물 숨기기의 과정을 밟아보자. 먼저 시의 평면적 내용부터 살핀다.

나는 그렇게 그리던 고향에 돌아왔다. 그러나 그곳에는 유년 시기의 아름다움이나 평안은 사라지고 없었다. 이미 육신이 편하게 쉴 수 있는 곳이 아니었고, 나는 이미 죽어버린 존재가 되고 말았다. 그러나 이렇게 현실에 안주하려는 나를 새로운 세계로 향하도록 한다. 죽어가는 내 자아와 이상을 추구하는 자아가 갈등을 일으킨다. 그리고 세상은 더욱 어두워지고 있다. 나를 더욱 암담하게 만든다. 하지만 안주하려는 내 자아를 떼어놓고 새로운 곳으로 가고 싶다.

글쓴이의 이러한 마음, 즉 정보를 주는 글에 보물을 숨겨보자. 보물을 숨기기 위해서는 함축과 상징이 필요하다.

함축의 단계에서는 그 내용의 의미를 압축해 외형적으로 그 글을 간결하게 만든다. 글이 길어지면 자세한 맛이 있어 좋지만 강렬한 멋은 줄어든다. 이러한 입체적 글에서는 간결미를 우선해야 한다. 잔잔한 호수에 이는 파문 하나, 그 강렬한 인상이 중요하다.

상징의 단계에서는 압축한 의미에 옷을 덧입힌다. 우리가 보물찾기를 할 때 막연히 겉으로 드러나 보이는 보물을 찾는 것이 아니라 그 보물을 묻어둔 돌부터 찾는다. 만약 보물이 그냥 여기저기 널려 있다면 그 놀이를 보물찾기라고 부르지는 않을 것이다. 이처럼 함축·상징의 단계는 보물을 찾을 때의 설렘을 기억하고 보물을 숨기는 과정이다.

먼저 평면적 글을 함축할 수 있다.

나는 고향에 돌아왔나.

그러나 아무 희망 없이 나는 죽어 있었다.

이것을 상징적으로 표현해보자.

고향에 돌아온 날 밤에

_____?_____ 누웠다.

이 내용은 암담한 상황을 나타내야 한다. 빈칸에 알맞은 표현을 넣어보자. 암담한 상황을 어떻게 표현할 수 있을까? '어두움 속에', '무덤에', '이방인과', '홀로' 등으로 옷을 입힐 수 있을 것이다. 하지만 '홀로'라는 말은 암담함보다는 외로움, 고독에 가까우므로 제외하자. 그러나 글쓴이의 눈은 우리보다 훨씬 더 예리했다.

고향에 돌아온 날 밤에

내 백골白骨이 따라와 한방에 누웠다.

밑줄 친 부분에서 표현의 절묘함을 느낄 수 있다. '어두움 속에', '무덤에', '이방인과'보다 우리가 더욱 공감하게 하는 표현임을 부인할 수 없다. 그 상황에서 그보다 더 암담한 표현을 할 수 있을까 하는 생각이 들 정도로 압도적이다.

이것을 그의 표현으로 하자면 다음과 같다.

그렇지만 그 암담함에
머물고만 있을 것이 아니다.

어둔 방은 우주로 통하고
하늘에선가 ___?___ .

어둔 방은 우주로 통하고
하늘에선가 <u>소리처럼 바람이</u>
<u>불어온다</u>.

암담하지만 그 상황에 머무르지 말아야 함을 깨닫게 된다. 그것을 글 쓴이는 '소리처럼 바람이 불어온다'고 표현했다. 그다음을 보자.

백골이 되다 못해 그것마저 사
그라드는 모습을 보는 내 자아
와 이상을 추구하는 내 자아가
모두 울고 있다. 백골은 현실
앞에서 무력한 자신의 모습에,
아름다운 혼 역시 이상을 지향
하는 자신을 방해하는 현실 앞
에서 울지 않을 수 없었다.

어둠 속에 곱게 풍화작용하는
백골을 들여다보며
눈물짓는 것이 내가 우는 것
이냐
백골이 우는 것이냐
아름다운 혼이 우는 것이냐

지조志操 높은 개는

밤을 새워 어둠을 짖는다.

보통 우리나라에서는 '개'라는 낱말이 긍정적 뉘앙스를 갖지 않는다.

일제에 충성하는 인물이 득세하고 활개치는 상황을 나타냄으로써 더욱 어두워지는 현실을 표현했다.

> 그러므로 그 개는 이상을 추구하는 나를 막으려고 쫓는다.

> 이상을 잃은 개는 나를 쫓는 것일 게다.

가자 가자
쫓기우는 사람처럼 가자.
백골 몰래
아름다운 또 다른 고향에 가자.

'나는 나를 막는 백골을 두고 아름다운 고향, 즉 식민지에서 벗어난 조국으로 향한다. 지금은 어둡지만 그럼에도 또 다른 고향을 찾겠다'는 글쓴이의 의지가 담겨 있다. 이 시는 윤동주의 〈또 다른 고향〉이다. 지금까지 평면적 글인 정보를 전달하는 글에서 입체적 글, 즉 정서를 전달하는 글까지 전개되는 과정을 살펴보았다. 다시 비교해보자.

> 나는 그렇게 그리던 고향에 돌아왔다. 그러나 그곳에는 유년 시기의 아름다움이나 평안은 사라지고 없었다. 이미 육신이 편하게 쉴 수 있는 곳이 아니었고, 나는 이미 죽어버린 존재가 되고 말았다. 그러나 이렇게 현실에 안주하려는 나를 새로운 세계로 향하도록 한다. 죽어가는 내 자아와 이상을 추구하려는 자아가 갈등을 일으킨다. 그리고 세상은 더욱 어두워지고 있다. 나를 더욱 암담하게 만든다. 하지만 안주하려는 내 자아를 떼어놓고 새로운 곳으로 가고 싶다.

또 다른 고향

고향에 돌아온 날 밤에
내 백골白骨이 따라와 한방에 누웠다.

어둔 방은 우주로 통하고
하늘에선가 소리처럼 바람이 불어온다.

어둠 속에 곱게 풍화작용하는
백골을 들여다보며
눈물짓는 것이 내가 우는 것이냐
백골이 우는 것이냐
아름다운 혼魂이 우는 것이냐

지조志操 높은 개는
밤을 새워 어둠을 짖는다.

어둠을 짖는 개는
나를 쫓는 것일 게다.

가자 가자
쫓기우는 사람처럼 가자.
백골 몰래
아름다운 또 다른 고향에 가자.

다시 읽으면서 평면적 글과 입체적 글의 차이를 더욱 실감할 수 있을 것이다. 입체적 글은 읽는 이의 마음을 강하게 울리는 힘, 즉 동감하게 하는 강한 힘을 지니고 있다.

⑤ 보물 숨기기 3 – 확인하기

확인의 단계에서는 한번 쓴 글을 그냥 두는 것이 아니라 한 번 더 재구성하고 재검토한다. 무엇을 숨긴 뒤에는 되돌아보고 확인해야 한다. 글쓰기도 마찬가지이다. 우리가 보물을 잘 숨겼는지 다시 점검해야 한다. 특히 시는 산문과 형식이 다르기 때문에 그 틀을 갖추었는지 확인하는 작업이 꼭 필요하다.

다듬기에서 가장 중요한 것은 자연스러운지를 확인하는 것이다. 보통 글을 쓴 뒤에 소리 내어 읽어보는 것이 도움이 된다. 그러면서 부족한 부분은 더하고, 필요 없는 부분은 없앨 수 있다. 그리고 보물 숨기기가 어색하지 않은지 비유나 상징 등이 적절한지 확인한다. 시라면 노래하듯이 읽히는지도 확인하고, 더 좋은 표현이 없는지 생각해본다.

그리고 제목을 다시 한번 본다. 보통 글을 쓸 때 제목을 가장 먼저 정하지만 글을 다 쓴 뒤에 글 전체 분위기와 어울리게 정하는 경우도 많다. 글을 쓸 때는 주제를 염두에 두고 쓰기 때문에 제목이 어울리지 않을 수도 있다. 글을 쓰기 전과 글을 쓴 후 느낌이 다를 것이기 때문이다. 그러므로 그 내용을 잘 담을 수 있는지 확인하고 만약 더 좋은 제목이 떠오르면 바꿔도 좋다.

다음의 순서에 따라 시를 써보자.

연상하기

시는 자기 내면에서 쓰고 싶은 충동이 일어 쓰는 경우가 있고, 제시된 제목에 따라 수동적으로 쓰는 경우가 있다. 따라서 이 두 경우에는 당연히 글 쓰는 접근 방법도 달라진다.

자기가 쓰고 싶어서 쓰는 경우에는 보통 어떤 글감이나 소재를 보고 생각이 불현듯 떠올라 글을 쓰는 경우가 많다. 반면에 제목이 제시되는 경우에는 자신의 경험에서 글감이나 소재를 찾아내 엮어야 한다. 주제는 깊이 있고, 올바른 생각에서 나온 것이라야 생명력이 있으며, 읽은 이에게 감동을 줄 수 있다.

제목: 관점
주제: 제대로 보기

이렇게 제목과 주제를 정했으면 이를 어떻게 표현할지 생각해야 한다. 사물의 여러 모습을 글로 나타내기 위한 경험을 쌓아두면 도움이 된다. 이를 뒷받침할 수 있는 내용을 상상해보자.

올해 초가을 집 마당에서 식구들과 이야기를 했다. 둘러앉아 이야기를 나누다가 달을 보았는데, 보름달이었다. 나뭇가지 사이에 딱 들어가 있었다. 참 인상적인 구도였다. 이야기를 마치고 집 안으로 들어가려다가 뒤돌아 다시 보았다. 그랬더니 웬일인가? 그 나뭇가지 사이에 거미줄이 쳐 있었다. 그리고 그 뒤로 달이 보였던 것이다. 하지만 앉아 있을 때는 보지 못했다. 그래서 달만 보았다. 그러나 다른 방향에서는 거미줄까지 보였던 것이다.

함축·상징하기

상상해 모은 글감을 엮어야 한다. 시는 읽는 이에게 특정한 사상보다 어떤 감동이나 느낌을 전하는 것이기 때문에 주제가 겉으로 드러나기보다 시 전반에 녹아들어 보이지 않아야 한다. 그러므로 사물을 바로 보자는 주제를 달을 보는 상황에 상징적으로 숨겼다. 이를 함축적으로 써보자.

마당에 앉아서 이야기를 했다.
나뭇가지 사이에 꼭 들어맞은 둥근 달
일어나면서 다시 보니
거미줄 뒤로 걸렸던 달

확인하기

보물을 숨긴 후에는 잘 숨겼는지 확인해야 한다. 숨겼는데 한 끝이 삐져나오지는 않았는지, 숨길 것을 제대로 숨겼는지 되돌아본다. 보통 시는 간결하고 함축적이며 리듬감을 가져야 한다. 그것을 충족하기 위해서는 이미 쓴 글에서 필요 없는 부분을 다시 잘라내야 한다. 그리고 리듬감을 갖추기 위해서 소리 내어 읽어 어색한 부분과 매끄럽지 못한 부분을 고쳐야 한다. 이것이 바로 시가 갖는 형식성을 살리는 길이다. 읽으며 어색한 부분에 밑줄을 치고 고친다. 매끄러워질 때까지 다듬다 보면 전보다는 좀 더 시다운 글이 된다.

마당에 앉아서 이야기를 했다.
나뭇가지 사이에 꼭 들어맞은 둥근 달
일어나면서 다시 보니
거미줄 뒤로 걸렸던 달

⬇

마당에 앉아서 보니
나뭇가지 사이에 꼭 들어맞은 둥근 달
일어서서 다시 보니
거미줄 뒤에 걸린 달

⬇

앉아서 보니
나뭇가지 사이에 걸린 달
일어서서 다시 보니
거미줄 뒤에 걸린 달

7 입체적 글쓰기 실제로 해보기

① 시를 써보세요. 자신이 쓰고 싶은 제목과 주제를 생각한 후 그와 관련해 떠오르는 것을 써보고, ② 중심 내용을 정한 뒤 그것을 바탕으로 시 한 편을 완성해보세요.

1. 제목:

_____

2. 주제:

_____

3. 형식:

_____

4. 연의 중심 내용

① _____

② _____

③ _____

④ _____

⑤ _____

5. 글의 내용

_____

_____

_____

_____

_____

_____

_____

_____

_____

7-3

자유자재로 응용하기
- 실생활에 활용하는 종합 응용 글쓰기

① 실생활에 활용 가능한 글쓰기가 진짜 실력

우리가 목표로 하는 것은 글을 잘 읽고 잘 쓰는 일이다. 그러나 여기에
서 말하는 글을 잘 읽고 쓴다는 개념은 문학가가 될 소양을 키운다는
것과는 다르다. 글쓰기 실력이 뛰어나다는 것을 일반적이고 현대적인
개념으로 풀이해보면, 실생활에서 자기에게 맡겨진 일을 처리할 때 정
보를 효과적으로 잘 표출한다는 뜻이다.

 일기를 쓰며 그날그날 자신이 생활하면서 보고 들은 정보와 그에 따
른 자신의 생각을 잘 정리하는 것, 친구나 가족 그리고 친지들과 편지
를 주고받으며 관계를 더욱 돈독히 만들어가는 것, 자신의 일을 계획적
으로 처리하기 위해 기획안을 잘 만드는 것, 보고서로 자신의 업무 결
과를 효과적으로 알리는 것, 문제 상황을 해석하고 해결하는 논술문 등
실생활에서 필요한 글을 자유자재로 쓸 수 있는 것 등이 일반인이 갖

춰야 할 진정한 글쓰기 실력이다.

보고서는 일을 하는 과정에서 필요한 글쓰기이고, 편지는 주로 타인과 맺는 관계에서, 일기는 나 자신과 나누는 대화에서 비롯되는 글쓰기이다.

❷ 일기 쓰기

초등학교 때 일기 쓰기를 워낙 강조한 탓인지 일기는 어른에게는 별로 해당되지 않고 아이들의 숙제로만 생각하는 사람이 많다. 그러나 아이들에게 왜 그토록 일기 쓰기를 강조했는지를 생각해보면 일기가 결코 아이들만의 과제는 아니라는 사실을 깨닫게 된다.

일기를 쓰는 데는 복합적인 능력이 필요하기 때문에 일기를 꾸준히 쓰는 것은 좋은 글을 쓰는 데 많은 도움을 준다. 그래서 일기 쓰는 습관을 들이기 위해서 초등학교 1학년 때부터 그토록 강조하는 것이다. 그러나 성인들은 정작 더 많은 정보를 입수하고 이를 심화할 필요가 있음에도 일기를 쓰는 경우가 드문 것 같다. 그러니 일기를 쓰는 사람과 쓰지 않는 사람의 삶은 질적으로 엄청나게 차이가 나게 마련이다.

구체적이고 정확하게 표현하기

일기는 우리가 잘 아는 대로 자신이 그날그날 보고 듣고 생각한 것을 글로 표현하는 것이다. 따라서 일기를 잘 쓰기 위해서는 먼저 그날 보고 들은 것을 많이 기억할 수 있는 고도의 관찰력이 필요하다. 똑같은 곳에서 똑같은 일을 했다고 해도 관찰력이 있고 없음에 따라 그것을 보고 듣고 느끼는 정도가 다르기 때문이다. 그리고 일기를 쓰는 데는 사고력과 반응력, 표현력 등도 필요하다.

일기는 구체적으로 정확하게 표현해야 한다. 이는 작은 것에도 주의를 기울이는 습관을 길러주어, 중요한 일을 지나칠 위험을 미리 방지해준다. 그리고 먼 훗날 자신의 역사를 돌아볼 때, 관련된 사람이나 장소, 시간, 사건 등이 구체적으로 나타나 있지 않으면 사실을 정확하게 파악할 수 없기 때문이다. 어떤 것을 보고 들었을 때 반응을 보이고 생각하는 사람은 자기 나름대로 생각과 감정이 생기고 이를 정리할 수 있지만, 그렇지 않은 경우에는 본 것인지 만 것인지, 들은 것인지 안 들은 것인지 알 수 없다.

중요한 것을 다루기

일기를 쓰는 데는 지혜가 필요하다. 자신의 경험 중에서 중요도를 가려 한 가지에 대해 쓰는 일이기 때문이다. 즉 개인의 역사로서 기록할 가치가 있는 것을 쓴다. 날마다 되풀이하는 일을 적을 필요는 없다. 일기는 새로운 경험이나 일상적인 일이라도 새롭게 느낀 사실을 중심으로 써야 한다. 모든 역사적인 기록이 그렇듯, 일기도 개인의 하루 중 가장 의미 있고 인상적인 것을 골라 그것을 중심으로 쓰는 것이 좋다.

긍정적인 자아관으로 이끌어가기

일기가 중요한 것은 그것이 우리의 삶을 긍정적으로 만들기 때문이다. 일기는 부정적이고 어두울 수밖에 없는 인간의 본성을 다듬어나가는 데 기여한다. 일기가 삶에 에너지를 불어넣고, 행복을 지향하며, 현재 고통스러운 상황에 처해 있더라도 다시 일어설 수 있는 용기를 준다는 사실을 늘 기억해야 한다.

삶을 풍성하게 만드는 일기와 정신을 찌들게 만드는 일기

일기에도 자신의 삶을 보다 나은 방향으로 풍성하게 만드는 일기가 있는 반면, 정신을 찌들게 만드는 일기가 있다. 사실을 근거로 한 생각을 구체적으로 쓰지 않고 다음 글처럼 감정 자체만 적어나가는 경우가 많기 때문이다. 그래서 오늘 일기가 어제의 일기이고, 어제의 일기가 1년 전 일기인 것이다.

2016년 10월 5일
기분이 몹시 좋지 않다. 나는 왜 날마다 이런 걸까? 짜증이 난다.
어디론가 훌쩍 떠나고 싶다.

물론 자신의 감정을 솔직하게 적는 것도 감정을 발산하는 측면에서 도움이 된다. 일기는 남에게 보여주기 위해 쓰는 것이 아니기 때문이다. 그러나 남에게 보여주기 위한 것은 아니라 하더라도 다음 글처럼 자신의 생각을 구체적으로 정리하면서 긍정적인 방향으로 써나가 자신을 성장시킬 수 있어야 한다. 일기를 쓰면서 보다 나은 미래를 향해 끊임없이 전진하기 위한 계획을 세울 수 있다. 하루의 생활을 정리하는 동안 지나간 일을 반성하고, 새로운 내일의 일을 설계할 수 있다. 일기는 과거의 기록이면서 동시에 미래의 청사진이라고 할 수 있다.

내용	형식
2016년 10월 5일 흐림	날짜와 날씨
기분이 몹시 좋지 않다. 오전에 기획안을 제출했는데, 부장님께서 아주 냉담한 반응을 보였기 때문이다. 갑자기 내 기분이 바닥으로 곤두박질쳤다. 며칠 동안 밤을 새우다시피 하며 공들여 만든 기획안인데, 신중하게 검토도 안 하고 그렇게 간단하게 묵살하다니 도무지 이해할 수가 없다. 모든 의욕이 한순간에 사라져버렸다. 하지만 그 일 하나 때문에 이렇게 주저앉아 청승을 떨 수는 없다. 일은 긍정적으로 풀어나가는 데 의미가 있으니까. 부장님이 왜 그러셨는지 정확한 이유를 모르겠지만 내일 가서 다시 한번 말씀드려야겠다. 그리고 구체적인 평가를 듣고 이번 기획을 다시 검토해봐야겠다. 내일은 하늘이 맑았으면 좋겠다.	하루의 기록

❸ 편지 쓰기

편지는 남과 하는 교제에 필요한 글이자 개인적으로 상대방에게 자신의 용건을 알리는 글이다. 다시 말해 편지는 두 사람 사이에 주고받는 글이므로 인간적으로 친밀감을 갖게 하는 사교적 글이며, 전할 말이 있는 실용적 글이기도 하다.

인간관계의 설정

인간관계를 형성하는 가장 기본적인 조건이 바로 인사이다. 그러므로 편지를 쓸 때도 인사로 시작하는 것이 매우 중요하다. 그리고 받아 보는 사람이 정해져 있으므로 그의 신분과 위치에 따라 알맞은 예절을 갖추어야 함은 물론이고, 어느 정도 일정한 격식에 맞춰 써야 한다.

사실과 정서를 표현

편지글의 용건에는 크게 두 가지가 있다. 어떤 사실을 알리는 것과 어떤 느낌을 알리는 것이 그것이다. 사실을 알리는 편지글로는 초대장이나 부고訃告 등 정보를 알리는 것이 있으며, 느낌을 알리는 편지글로는 축하나 애도 같은 감정을 알리는 것이 있다. 전자는 공식적인 편지로 기관이나 단체에서 오는 편지가 대부분이다. 보통 편지라 부르는 것은 주로 느낌과 감정을 나누는 문안 편지이다.

긍정적 내용

편지는 인간관계를 돈독하게 하기 위해 쓰는 것이므로 그것을 해치는 내용이나 형태여서는 안 된다. 관계를 긍정적이고 건설적으로 만들어가야 하므로 부정적인 생각은 긍정적으로 바꾸어야 한다. 힘들고 버

겁고 불편하더라도 긍정적인 관계를 회복하고 유지하려는 태도가 필요하다.

인간관계를 넓고 깊게 만드는 편지

내용		형식	
교수님께		호칭	
안녕하세요? 환절기에 건강하신지요? 이 가을빛 아래에서 깊은 사색을 즐기시느라 편찮을 새도 없으실 것 같습니다.		문안	첫머리
좀 놀라셨죠? 이름도 처음 들어보는 사람이 보낸 편지를 받으셨으니 말입니다. 저는 중학교에 다닐 때 교수님을 알게 되었어요. 물론 그때는 어떤 분인지 모르고 이름만 알았지요. 교과서에 나온 교수님의 글을 분석하며 그 내용을 알게 되었고, 그 글을 쓰신 분의 이름도 알게 되었지요. 그러고는 한동안 잊고 있었어요. 그러다 얼마 전에 교수님께서 책을 내셨다는 소식을 신문에서 접하고 "아, 그분이 이분이구나" 했어요. 큰 사진 속의 할아버지가 바로 교수님이었습니다. 때마침 책을 살 기회가 있어서 인터넷에서 교수님이 내신 수필집을 주문했어요. 며칠 뒤 책이 도착해서 어떤 내용인지 책을 열어보았다가 깜짝 놀랐지 뭐예요. 저자의 친필 서명이 되어 있었으니까요. 바로 교수님 서명이었지요. '웃고 살자'라는 문장과 함께 말입니다. 그걸 보고 저도 기뻐 씩 웃었습니다. 그 책을 읽어보라는 초대의 글 같았거든요. 책마다 표지를 들춰 하나하나 쓰셨을 모습이 떠올랐습니다. 책을 산 기쁨을 넘어서 큰 감동이 밀려왔지요. 그래서 이렇게 편지를 드리게 되었습니다. 그 책은 하루에 한 편씩 읽고 있습니다. 교수님의 단아한 문체와 삶을 대하는 진지한 자세가 고스란히 드러나 있었습니다. 책을 써서 내기만 하면 수필가가 되는 요즘에, 그래서 수필이 무엇인지 혼란스러운 이즈음에 '수필이란 이런 것이다' 하고 보여주는 책이라는 생각이 들었습니다. 좀 쑥스러우시죠? 그런데 솔직히 말씀을 드리면 이해가 잘되지 않는 부분도 있어요. 아무래도 제가 그만큼 교수님보다 생각이 짧다는 사실을 단적으로 보여주는 대목이겠지요. 하지만 저보다 세상을 더 꼼꼼하고 섬세하게 보는 사람들의 눈을 빌리는 것은 참 즐거운 일입니다. 저도 그런 눈을 가지기를 꿈꾸고 있지요.		용건	

교수님께서 교수님의 삶을 아름답게 걸어가시면, 뒤에 있는 교수님의 인생 후배는 그 발자국을 따라 어떻게 살아가야 할지 고민하겠습니다. 고민과 번민으로 찌든 철학자가 아니라 교수님 말씀대로 그것을 넘어선 웃음 가득한 철학자로 남아주시길 기대하며 이만 물러가겠습니다. 늘 평안하세요.	끝인사	끝맺음
2016년 10월 6일	날짜	
신예리 드림	서명	
추신: 시간이 되면 언제 한번 찾아뵈어도 될까요?	추신	

❹ 보고서 쓰기

우리가 공부하는 이유 중 하나는 사회인으로서 제 역할을 수행하는 데 필요한 기본 소양을 쌓는 것이다. 글쓰기 교육이라는 측면에서 보면 우리가 사회인이 되어 일을 계획하고 진행 상황을 보고하는 등 자신에게 맡겨진 업무를 원활하게 처리하기 위해 글쓰기를 훈련하는 것이다. 업무와 관련해서는 글로 정보를 주고받기 때문이다. 따라서 교육을 제대로 받았다면 어려움을 느끼지 않고 기획안이나 보고서 등을 자유자재로 쓸 수 있어야 한다.

그러나 우리의 현실은 전혀 그렇지 못하다. 대학을 졸업하고, 심지어 대학원을 졸업하고 직장에 들어가도 결재 서류 한 장 작성하지 못해 4~5년 동안이나 윗사람들에게 지적당하기 일쑤이다. 결재 서류가 너무 어려워서 그런 것인가? 그게 아니라 그만한 실력조차 없기 때문이다. 논설문이 무엇이고, 설명문이 어떤 형식을 띠는지 수없이 배우고 시험도 치렀지만 정작 그것을 활용할 줄 모르는 것이다.

보는 사람 입장에서

보고서는 여러 사람이 일을 원활하게 함께하기 위해서 쓰는 것이다. 그러므로 보는 사람의 입장에서 쓸 필요가 있다. 서언을 결정할 사람과 관계가 있는 내용, 그가 관심 있는 내용을 써야 한다. 보고서나 기획안을 쓸 때는 그 내용을 상대방에게 알리고 동의를 얻는 것이 목적이라는 사실을 기억해야 한다. 작성자 자신이 아니라 보고를 받는 사람이 무엇을 궁금해할지를 정확히 알고 맞춰 쓰는 것이 가장 중요하다.

예를 들어 만약 투자를 받기 위해 작성하는 사업계획서라면 투자하는 사람이 궁금해하는 점을 분명히 보여주어야 한다. 투자자는 이 사업에 투자했을 때 돈을 회수할 수 있는지 사업의 성공 여부를 가장 많이 볼 것이다. 따라서 보고서에서 사업의 우수성과 그에 따른 기대 효과, 경영진의 능력과 진실성 등을 보여주어야 한다.

목적과 목표를 뚜렷하게

보고서는 읽었을 때 무엇을 말하려고 하는지가 분명해야 한다. 즉 목적과 목표가 뚜렷해야 한다.

만약 다음과 같은 목적과 목표가 있다고 하자.

- 목적: 돈을 벌겠다.
- 목표: 물건 3,000개를 팔아서 이득을 남기겠다. 폭리를 취해 더 많이

벌겠다.

이 목적을 이루기 위한 목표는 여러 가지가 있을 수 있다. 좋은 목적이라도 그것을 이루는 목표가 부적합하고 이치에 맞지 않을 수 있기 때문에 목적과 목표가 뚜렷해야 그 일을 할 것인지 말 것인지 판단할 수 있다.

구체적 방법 제시

무엇을 할 것인가도 중요하지만, 어떻게 할 것인가의 문제도 대단히 중요하다. 아무리 좋은 계획이라도 그것을 현실화할 구체적인 방법이 없으면 아무것도 아니기 때문이다.

예를 들어 '효율적인 작업 환경을 만들자'라고 했을 때 구호만 앞세울 것이 아니라 작업 효율을 떨어뜨리는 원인이 어디에 있는지를 따져, 집중 근무시간을 정하거나 한 달에 한 번씩 정리 정돈의 날로 정하는 식으로 구체적인 해결책을 제시해야 한다.

5 논술문 쓰기

요즘 어떤 주제가 주어졌을 때 논리적으로 자기주장을 펴는 문제 해결 능력의 중요성이 부각되면서 논술에 대한 관심이 높아졌다. 그리고 수

학능력시험이 대체로 쉽게 출제되면서 논술문을 변별의 기준으로 삼는 경향도 논술 붐을 일으키는 데 한몫하고 있다. 논술은 지식만을 요구하는 것이 아니라 그것을 운용하는 능력, 즉 문제를 해석하고 해결하는 능력을 요구한다. 논술 시험은 새로운 문제를 만났을 때 그 문제를 어떻게 합리적이며 창의적으로 풀어나가는지를 측정한다.

우리는 신문의 사설을 비롯한 논설문에는 익숙하다. 논술문을 그것과 비교하면 논술이 어떤 것인지 명확히 알 수 있다. 논술문과 논설문은 우선 표현과 문체가 다르다. 논설문은 주장의 근거를 제시하거나 증명하며 남을 설득하려 하지만, 논술은 어떤 문제에 대한 자기의 의견을 논리적으로 풀어나가는 것이다. 따라서 그 글을 읽은 모든 사람이 고개를 끄덕일 수 있는 객관성이 있어야 한다. 즉 자기의 주장을 펴기보다는 모든 사람이 알고 있는 내용을 다시 일깨워 사람들이 인정하게 만드는 것이 중요하다.

논술문은 여러 조건을 충족해야 한다

논리성

나타내고자 하는 내용, 즉 논지가 뚜렷해야 한다. 따라서 구체적이고 타당한 증거를 제시해 논리 전개에 무리가 없도록 하고, 문제 해결을 위해 자신의 견해를 긍정적이고 합리적이며 일관성 있게 진술해야 한다. 이때 감정적인 태도는 버려야 한다. 또 문제 상황을 쟁점화해 반대편의 긍정적 측면을 인정하고, 반대 입장의 문제점을 비판하면서 자신의 주장을 펼친다.

함축성

함축성이라고 하면 보통 시를 떠올리지만, 적절한 범위 내에서 짧은 문장으로 쓰는 것도 포함된다. 정확하고 효과적으로 전달하기 위해 문장은 간결하고, 용어는 정확하게 사용해야 한다.

본질성

중요한 것을 다루어야 한다. 우리가 다른 사람에게 전달하려는 말이나 글이 꼭 해야 할 이야기인지 구분해야 한다. 꼭 해야 하는 이야기가 아니면 절제하는 노력이 필요하다. 그러기 위해서는 중요한 것과 그렇지 않은 것을 구분할 줄 아는 힘, 즉 사고력과 판단력을 길러야 한다. 지나친 과장이나 허세를 피해야 하는 것은 물론이다.

논술의 절차

논술문을 쓰려면 먼저 논제를 파악해야 하며, 그렇게 잡은 논점을 글한 편으로 완성해야 한다. 논제를 파악할 때는 앞에서 익힌 글 분석법을 이용하며, 논술문 쓰기는 평면적 글쓰기에 해당하므로 평면적 글쓰기에서 이용한 다섯 가지 질문법으로 논술문 쓰기에 접근한다. 그러므로 논술문 쓰기는 '논제 분석하기 → 고공표 만들기 → 퇴고하기 → 옮겨 쓰기'의 과정을 거치게 된다.

논제 분석하기

논술문이 여타 작문과 다른 점은 어느 정도 글의 범위가 정해져 있다는 것이다. 그러므로 그 범위와 논제 조건을 지키는 것이 기본이다. 출제의 의도와 답안 작성의 요구 조건, 작성상의 유의 사항 등을 제시했는데, 이를 제대로 지키지 않는 것은 논술의 의도를 무시하는 태도이다. 이때 출제자 입장에서 문제를 생각하면 문제가 요구하는 것이 무엇인지 잘 이해할 수 있다. 논제 분석이 제대로 되지 않으면 글의 방향은 이미 잘못된 것이다. 그러므로 논술에서는 올바른 논제 파악이 중요하다.

논제를 정확하게 분석하기 위해서는 어떻게 해야 할까? 우리는 이미 알고 있다. 학문의 9단계 중 두 번째 단계인 글 분석법을 활용하면 된다. 먼저 논제를 읽으며 중요한 것, 즉 논제에서 제시하는 것을 찾아 밑줄을 치면 된다. 이를 염두에 두고 고공표를 만든다.

고공표 만들기

논제를 파악했으면 그 글의 얼개를 짠다. 우리는 이것을 고공표라 부른다. 고공표는 글의 구성 내용을 한눈에 볼 수 있도록 표로 나타낸 것이다. 따라서 고공표를 보면 글의 전체적인 흐름이나 논지 전개 과정을 확연하게 알 수 있다. 고공표는 평면적 글쓰기에서 익힌 다섯 가지 질문에 답하면서 만들 수 있다.

W1. 어떤 제목으로 쓸 것인가?

　설명이나 논증하는 글의 제목은 대체로 명사나 명사구로 되어 있으며, 대부분 주제와 제목이 일치한다. 글의 내용과 성격을 암시해야 하고, 가능한 한 간단하게 붙이며, 과장되거나 선동적인 제목은 피한다.

W2. 어떤 주제로 쓸 것인가?

　한 편의 글에는 글쓴이가 글에서 말하고자 하는 중심 내용이 있다. 그 중심 내용, 즉 무엇을 이야기하겠다는 것이 주제이다. 따라서 주제를 설정했으면 주제문을 써야 한다. 여기서 주제문이란 주제를 보다 명확하게 하나의 문장으로 표현한 것을 말한다. 즉 전체를 요약한 것이다. 주제문은 글 전체의 내용과 구조를 지배하고, 중심 내용은 글의 한 부분, 곧 문단을 지배한다. 주제문에는 주제에 대한 글쓴이의 신념, 태도, 의견이 분명히 드러난다. 다음과 같은 과정으로 주제를 정한다.

　가주제: 스트레스
　참주제: 스트레스의 문제점
　주제문: 지나친 스트레스는 우리 몸에 해롭다.

W3. 어떤 형식으로 쓸 것인가?

논술에서는 3단 구성이 널리 쓰인다. 결론에 주제를 담는 미괄식, 서론과 결론에 담는 양괄식을 쓰는 경우가 많다. 그러므로 전체를 다섯 문단으로 쓸 경우에는 첫 문단과 마지막 문단은 각각 서론과 결론으로 구성하는 것이 바람직하다.

W4. 문단의 중심 내용은 무엇인가?

우선 고공표에서 서론, 본론, 결론의 중심 내용을 정하고, 본론에서 문단을 확대한다.

서론: 논지 제시, 문제 제기, 논술 방법
본론: 논지 전개와 논거 제시
결론: 논지 정리와 요약

서론 쓰기

논술은 상호 대등한 입장이 아니라 한쪽에서 다른 한쪽을 일방적으로 평가하는 것이다. 그러므로 논술문에서 서론은 글 전체의 인상을 좌우한다. 서론은 읽는 이의 흥미를 불러일으켜서 글을 읽어보려는 의욕을 가지도록 하며, 앞으로 전개할 내용과 주제를 어느 정도 짐작하도록 하는 데 의의가 있다. 서론에서는 논지 제시가 핵심이다. 그러므로 주제를 짧고 간결하게 써서 방향을 정하고, 글을 쓰는 동기와 목적을 밝힌다. 그리고 논지에 대한 자신의 태도를 밝힌다. 서론은 전체 분량의 5분의 1 정도가 알맞다. 즉 1,600자 내외의 논술문에서는 300자 내외로 4~5개 문장이 적당하다.

본론 쓰기

글의 내용을 본격적으로 다루는 부분이다. 본론에서는 서론에 제시한 문제점들을 짜임새 있게 논술해 결론을 이끌어낸다. 그러기 위해서는 최소 두 개의 문단으로 구성해야 한다. 또 주장과 근거, 이유와 주장, 원인과 해결책, 내용의 예시, 내용의 전환, 유추, 정반합, 반론 제기 같은 방법을 이용해 논거를 제시하고 자기 견해의 정당성을 입증한다. 본론의 길이는 일정하지 않으며, 본론을 형성하는 문단의 수도 일정치 않다. 1,600자 내외의 논술 시험에서는 크게 세 문단, 하나의 문단은 대체로 300자이며 전체 900자 내외가 무난하다.

결론 쓰기

서론에서 한 문제 제기와 결론에서 펼친 주장 및 요약은 긴밀하게 연관되어야 한다. 서론이 출발점이라면 결론은 도착점이다. 그 사이의 과정은 서론에서 결론에 합리적으로 이르기 위한 여정이다.

결론을 맺을 때는 주제의 반복, 본론의 요약, 인용구의 활용 등으로 글 전체의 요지를 간략하고 명확하게 파악할 수 있게 하거나, 처음에 제시한 일반화, 또는 전체로 되돌아가거나 앞으로의 전망을 쓴다. 즉 앞에서 논술한 내용이 그 문제에만 그치지 않고 더욱 발전한 방향을 제시한다. 그리고 새로운 견해나 개념은 말하지 않는다. 결론은 정리하는 부분임을 명심해야 한다. 특히 사회문제와 관련한 논제를 다루었을 경우 결론에서 특정 행동을 요구하거나 따끔하게 경고하고 해결해야 할 과제를 제시해 읽는 이의 결단을 촉구하는 것도 좋다. 결론의 길이는 서론, 본론의 서술에 따라 다르다. 1,600자 내외의 논술문에서는 하나의 문단, 300자 내외, 문장 수는 4~5개가 적당하다.

W5. 문단의 보조 문장을 어떻게 쓸 것인가?

뒷받침할 내용은 중심 내용에 포함되는 것이어야 한다. 그러므로 뒷받침할 내용이 중심 내용과 밀접한지, 중심 내용의 범위를 넘어가지는 않는지 신경 써야 한다. 쓸 것을 구성할 때는 생각나는 대로 메모하면서 관계있는 내용이나 동일한 관점에 따라 묶는다. 글의 주제와 직접적으로 관련된 것과 부수적인 것을 구분해 정리한다. 모든 재료를 글의 전체적 구상에 따라 대강의 순서를 정해 배열해 빠진 것은 보충하고 불필요한 것은 뺀다.

퇴고하기

완성된 초고는 글의 분량에 맞게 글자 수를 조절하고, 글의 전체 흐름이 일관성 있게 유지되도록 비판적 자세로 검토해야 한다. 단어, 구두점,

인용 표시, 맞춤법, 문장 구조 등을 정확히 사용했는지 확인하고, 오해의 여지가 있는 말, 의미가 모호한 말, 동어반복 등을 피하며 다듬는다.

옮겨 쓰기

초고를 대략 완성해 쓸 내용을 확정한 후 원고지에 옮긴다. 이때는 정서법을 지켜야 하고 글씨는 정성 들여 써야 한다. 그리고 원고지에 옮긴 글을 다듬을 때는 원고지 교정기호를 사용해 고친다. 논술에서는 결국 논제에 알맞은 주제를 정해 자신의 견해를 분명히 했는지, 그 주장을 뒷받침하는 논거가 적절하고 독창적인지, 문장 구성과 낱말 사용이 정확한지, 그 흐름이 일관적인지가 중요하다.

문제를 해석하고 해결하는 논술

현대사회에서 개인은 거대한 조직에 속해 있으면서 대부분이 익명의 존재로 방치되어 있다고 말하기도 한다. 다음 글은 이 같은 문제를 해결하기 위해 개인과 개인 사이의 참다운 정서적 유대 관계의 형성이 중요하다는 점을 암시하고 있는 것으로 볼 수 있다.

첫째, 이 글에서 다루고 있는 문제가 어떠한 사회적 조건에서 비롯된 것인가를 간략히 밝히고, 둘째, 그러한 사회적 조건에 비추어볼 때 참다운 인간관계를 형성하는 데에 이 글에서 암시하고 있는 개인적 차원의 노력이 어떠한 의의와 한계를 지니고 있으며, 그 한계를 극복할 수 있는 방안이 무엇인가에 대해 자신의 견해를 논술하라.

예문

"안녕." 여우가 말했다.

"안녕." 어린 왕자가 공손히 대답하고 둘러보았으나 아무것도 보이지 않았다.

"나, 여기 있어, 사과나무 아래……." 작은 목소리가 들렸다.

"넌 누구니? 참 예쁘구나." 어린 왕자가 말했다.

"나는 여우야."

"이리 와서 나하고 놀자. 난 아주 쓸쓸하단다."

"난 너하고 놀 수가 없어. 길이 안 들었으니까."

"그래? 미안해." 조금 생각하다가 어린 왕자가 덧붙였다.

"길들인다는 게 무슨 말이니?"

"넌 여기 사는 아이가 아니구나. 무얼 찾고 있니?"

"사람들은 총으로 사냥을 해. 대단히 귀찮은 노릇이지. 하지만 사람들은 닭을 기르기도 해. 사람이란 그저 한 가지밖에 쓸모가 없다니까. 너도 닭이 필요하니?"

"아니, 난 친구를 찾고 있어. 도대체 길들인다는 게 무슨 말이냐고."

"모두들 잊고 있는 건데, 관계를 맺는다는 뜻이란다." 여우가 대답했다.

"관계를 맺는다고?"

"응, 지금 너는 다른 애들 수만 명과 조금도 다름없는 사내애

에 지나지 않아. 그리고 나는 네가 필요 없고, 너는 내가 아쉽지도 않은 거야. 네가 보기엔 나도 다른 수만 마리의 여우와 똑같잖아? 그렇지만 네가 나를 길들이면 우리는 서로 아쉬워질 거야. 내게는 네가 세상에서 하나밖에 없는 존재가 될 것이고, 네게도 내가 이 세상에 하나밖에 없는 여우가 될 거야."

"이제 좀 알아듣겠어. 나에게 꽃이 하나 있는데, 그 꽃이 나를 길들였나 봐." 어린 왕자가 말했다.

"그럴 수도 있지. 지구에는 없는 게 없으니까."

"아니, 지구에 있는 게 아니야."

"그럼, 다른 별에 있어?"

"응."

"그 별에는 사냥꾼이 있니?"

"아니."

"야, 거 괜찮은데! 그럼, 닭은?"

"없어."

"그래, 완전한 곳은 절대로 없다니까." 여우는 한숨을 쉬었다. 그리고 여우는 자기 이야기로 말머리를 돌렸다.

"내 생활은 늘 똑같아. 나는 닭을 잡고, 사람들은 나를 잡는데, 사실 닭들은 모두 비슷비슷하고, 사람들도 모두 비슷비슷해. 그래서 나는 좀 따분하단 말이야. 그렇지만 네가 나를 길들이면 내 생활은 달라질 거야. 난 보통 발소리하고 다른 발소리를 알게 될 거야. 보통 발자국 소리가 나면 나는 굴속으로 숨지만 네 발자국 소리는 음악 소리처럼 나를 굴 밖으로 불러낼 거야. 그리고 저기 밀밭이 보이지? 난 빵을 안 먹으니까 밀은 나한테는 소용이 없고, 밀밭을 보아도 내 머리에는 떠오르는 게 없어. 그게 참 안타깝단 말이야. 그런데 너는 금발이잖니. 그러니까 네가 나를 길들여놓으면 정말 기막힐 거란 말이야. 금빛깔이 도는 밀밭을 보면 네 생각이 날 테니까. 그리고 나는 밀밭을 스치는 바람 소리까지도 좋아질 거야."

여우는 말을 그치고 어린 왕자를 한참 바라보더니, "제발, 나를 길들여줘"라고 말했다.

"그래, 그렇지만 나는 시간이 별로 없어. 친구들을 찾아야 하거든." 어린 왕자가 대답했다.

여우는 힘없이 말했다.

"사람들은 이제 무얼 알 시간조차 없어지고 말았어. 사람들은 다 만들어놓은 물건을 가게에서 산단 말이야. 그렇지만 친구는 파는 데가 없으니까, 사람들은 이제 친구가 없게 되었단다. 친구가 필요하거든 나를 길들여."

"어떻게 해야 되는데?"

"아주 참을성이 많아야 해. 처음에는 내게서 좀 떨어져서 그렇게 풀 위에 앉아 있어. 내가 곁눈으로 너를 볼 테니 너는 아무 말도 하지 마. 말이란 오해의 근원이니까, 그러다가 날마다 조금씩 더 가까이 앉는 거야."

이튿날 어린 왕자가 다시 찾아오자 여우가 말했다.

"시간을 약속하고 왔으면 더 좋았을 텐데. 네가 오후 4시에 오기로 했다면 나는 3시부터 행복해지기 시작했을 거야. 행복이 얼마나 값지다는 걸 알게 되었을 거란 말이야. 그러나 네가 아무 때나 오면 나는 언제 마음을 가다듬어야 할지 알 수 없잖아? 무언가 정해놓을 필요가 있어."

"무얼 정해놓는다고?" 어린 왕자가 물었다.

"그것도 요즈음은 잊고 사는 거란다. 어떤 날을 다른 날들과, 어떤 시간을 그 외의 시간들과 다르게 만드는 거야. 예를 들어 사냥꾼들은 목요일마다 동네 아가씨들하고 춤을 춘단 말이야. 그래서 내게 목요일은 기막히게 좋은 날이지. 포도밭까지 소풍을 가기도 하고. 그런데 사냥꾼들이 아무 날이나 춤을 춘다고 생각해봐. 그저 그날이 그날 같을 거고, 나는 휴가라는 게 영 없을 거 아냐?"

이렇게 해서 어린 왕자는 여우를 길들였다. 어린 왕자가 떠날 시간이 가까워지자 여우가 말했다.

"난 아무래도 눈물이 날 것 같아."

"그건 너 때문이야. 나는 너를 괴롭힐 생각이 조금도 없었는데, 네가 길들여달라고 그랬잖아."

"그래."

"그러면 손해만 본 셈이구나."

"아니, 이득이 있어. 저기 밀밭 빛깔 말이야." 여우가 말했다.

"장미 꽃밭에 다시 가봐. 네 장미꽃이 딴 꽃들과는 다르다는 걸 알게 될 거야. 그리고 나한테 작별 인사를 하러 오면 선물로 비밀 하나를 가르쳐줄게."

어린 왕자는 장미꽃들을 다시 만나러 갔다.

"너희들은 내 장미꽃하고 전혀 달라. 너희들은 아직 아무것도 아니야. 아무도 너희를 길들이지 않았잖아. 내 여우도 전에는 너희나 마찬가지였어. 다른 여우들하고 똑같은 여우였어. 그렇지만 그 여우를 내 친구로 삼으니까 지금은 이 세상에 하나밖에 없는 여우가 되었어."

그러니까 장미꽃들은 어쩔 줄을 몰라 했다. 어린 왕자는 또 이런 말도 했다.

"너희들은 곱긴 하지만 속이 비었어. 누가 너희들을 위해서 죽을 수는 없단 말이야. 물론 보통 사람들은 내 장미도 너희들과 비슷하다고 생각할 거야. 그렇지만 그 꽃 하나만 있으면 너희들을 모두 당하고도 남아. 그건 내가 물을 주고 고깔도 씌워주고 병풍으로 바람도 막아주었으니까. 내가 벌레를 잡아준 것도 그 장미꽃을 위해서였어. 나비를 보여주려고 두세 마리는 남겨두었지만……. 그리고 원망이나 자랑이나 모두 들어준 것도 그 꽃이었으니까. 그건 내 장미꽃이니까."

어린 왕자는 여우한테 다시 와서 작별 인사를 했다.

"잘 있어."

"잘 가, 이제 내 비밀을 가르쳐줄게. 아주 간단한 거야. 세상을 잘 보려면 마음으로 보아야 한다는 거지. 제일 중요한 것은 눈에는 보이지 않거든."

"제일 중요한 것은 눈에는 보이지 않는다." 어린 왕자는 그 말을 되뇌었다.

"네가 그 장미꽃에 바친 시간 때문에 그 장미꽃이 그렇게 중요하게 된 거야."

"내 장미꽃에 바친 시간 때문에……."

어린 왕자는 잊어버리지 않으려고 되풀이해서 말했다.

"사람들은 이 진리를 잊어버렸어. 하지만 너는 잊어버리면 안 돼. 네가 길들인 것에 대해서는 영원히 네가 책임을 지게 되는 거야. 너는 네 장미꽃에 대해서 책임이 있어."

"나는 내 장미꽃에 대해서 책임이 있다."

어린 왕자는 머리에 새겨두기라도 하듯이 다시 한번 말했다.

※출처: 1997년 서울대학교 논술 문제

논술문을 써보자.

제목: 여우와 어린 왕자와 장미

주제: 인간관계를 가꾸기 위해서는 노력이 필요하다

형식: 미괄식

중심 내용

서론: ① 관계에 대한 기본적인 개념

본론: ② 인간관계에 소홀한 현대사회

③ 인간관계를 회복하는 데 필요한 노력의 의의

④ 그 노력의 한계와 극복 방안

결론: ⑤ 관계를 가꾸어가는 인간

사람은 나와 남, 나와 사물, 나와 우주, 이렇게 나와 내가 아닌 것과 맺는 관계와 만남 속에서 살아간다. '사람 인人' 자에서도 알 수 있듯이 사람은 서로 기대면서 살아가는 것이다. 이러한 사람 사이의 관계를 회복하기 위해 우리 스스로 어떤 노력을 해야 하는지, 관계의 한계를 극복하기 위해서는 어떻게 해야 하는지 알아보려 한다.

요즘 우리가 살아가는 세상에서는 사람 사이의 관계에 소홀한 비인간적인 모습을 많이 볼 수 있다. 일부에서는 개인을 존중하는 사회가 되었으므로 그만큼 개개인의 삶에 초점을 맞춰 전 시대보다는 더욱 인간적인 사회가 되었다고 목청을 높이고 있다. 그럼에도 그렇지 못한 면이 더 눈에 띈다. 특히 이기주의에 가까운 개인주의의가 만연하고, 인간관계를 유지하기 위한 노력이 부족해지며, 나 외에 다른 것에는 그리 큰 관심을 두지 않는다. 점점 더 살기 좋은 세상이 되어간다고 하지만 해체되는 가정이 많고 사회 부적응자가 양산되며, 해외 입양아와 보육 시설에 맡겨지는 아이들도 늘어나고 있다. 게다가 노인들 또한 대책 없이 방치되고 있고, 직장 잃은 가장들은 스스로 가정에서 물러나고 있다. 이것이 요즘의 사회상이다.

이러한 어그러진 관계를 회복하려면 우선 관계를 맺은 대상과 화해해야 한다. 싸우지 않았더라도 다른 사람을 잘 모르면 여우가 사냥꾼을 두려워하듯 서로 어려워하게 마련이다. 하지만 어린 왕자와 단지 몇 마디를 나눈 여우는 사람을 두려워하지 않는다. 서로 관심을 갖고 잠깐만 이야기를 나누어도, 아니면 잠시 시간을 내서 지켜보기만 해도 그런 벽은 쉽게 사라진다. 서로 대화를 나눈 여우가 어린 왕자에게 이 세상에 하나밖에 없는 여우이듯 관계는 서로를 가치 있는 존재로 만든다. 그래서 그 존재만으로 충분히 행복해진다.

하지만 관계란 말처럼 그리 간단한 것이 아니다. 관계는 삶을 풍성하게 하지만 그에는 대가가 따르기 때문이다. 그 대가란 관계를 지속하려는 노력이다. 즉 시간을 함께하려는 노력인 셈이다. 대가를 지불하지 않으면 그 관계는 지속될 수 없다. 그래서 우리는 관계에서 실망하고 아파할 수 있다. 여우와 어린 왕자가 서로 헤어질 때 힘들어하는 것과 마찬가지이다. 하지만 여우가 어린 왕자를 기억하고 기다리는 것처럼 그 관계의 소중함을 알고 있으며, 어린 왕자가 자기 별에 두고 온 장미를 잊지 못하고 돌아가는 것처럼 서로 길들인 책임감을 갖는다면 그 관계를 지속할 수 있다.

감옥에서 가장 무서운 벌은 독방형이라는 이야기를 들은 적이 있다.

그래서 그 독방형에서 풀려나면 다시는 그 방에 들어가지 않으려고 규율을 잘 지킨다고 한다. 이처럼 사람은 홀로 있기 어려운 존재이다. 인간관계는 꽃밭을 가꾸는 것과 같다고 했다. 꽃들이 싱싱하게 살아 숨 쉬는 꽃밭이 있는가 하면, 시들시들 말라가는 꽃밭도 있고, 아예 황무지가 되어버린 꽃밭도 있다. 그 꽃밭은 관리자의 손에 달려 있다. 그러므로 먼저 내 꽃밭의 생명은 어떠한지부터 점검해야 한다. 그래서 꽃들이 시들었다면 꽃밭을 돌보아 다시 건강한 생명이 숨 쉬게 만들어야 한다.

8

그림으로 표현하기

– 정보를 이미지로 표현하는 도식화법

① 효과적인 표현 방법이란?

도식화는 의사 전달에서 가장 유용한 방법으로 우리의 두뇌 구조에 맞는 표현 방식이다. 글로 표현하는 단계를 넘어서 사건의 내용을 그림, 도표, 선 등으로 표시한다. 이를 위해서 고공 학습의 원리, 상관관계의 원리, 개념 심화의 원리, 함축의 원리, 분류의 원리 등을 이용해야 한다.

자신의 생각을 표현하고자 할 때 고려해야 할 중요한 세 가지 요소가 있다. 첫째 진실을 나타내야 하고, 둘째 아무리 옳은 생각이라도 적절한 시기에 표현해야 하며, 셋째 긍정적이고 격려하는 방법으로 표현해야 한다.

이런 조건을 충족해 효과적으로 표현해야 다른 사람과 공감대가 형성된다. 그럼 효과적인 표현 방법이란 무엇인가? 앞에서도 언급했지만 다음의 세 가지 내용을 갖추어야 한다. 첫째는 쉽게 표현해야 한다. 쉽게 표현하기 위해서는 자신이 그 내용을 충분히 이해해야 하며, 이해한 내용을 논리적으로 나타내야 한다. 둘째는 간결하게 표현해야 한다. 간결함은 내용을 함축할 때 갖출 수 있다. 셋째는 깊이가 있어야 한다. 깊이가 있다는 것은 어려운 용어를 사용한다는 뜻이 아니라 본질적인 내용을 다룬다는 의미이다.

이런 효과적 표현을 위해서는 다음의 다섯 가지 실질적인 학문적 기법을 활용할 수 있다.

고공 학습 능력

어떤 사항을 표현할 경우 고공에서 내려다볼 때 눈에 가장 잘 보이는 부분부터 표현하는 것이다. 가장 잘 보이는 것은 자주 반복되거나 매우 큰 비중을 차지하는 것이다. 다시 말하면 글이나 말에서 가장 중심적이고 핵심적인 내용을 찾아내 이를 우선적으로 표현해야 한다.

상관관계 학습 능력

가장 핵심이 되는 부분을 표현한 다음에는 이와 상관관계가 가장 높은 자료부터 표현한다. 상관관계란 자료 사이에 공통점이 있거나 근본적으로 다르거나 또 다른 연관성이 있는 것이다.

1장에서 다룬 100/10 학습 원리도 실제는 상관관계 학습 능력과 연결된 것이다. 다른 자료와 연결 고리가 많을수록 중요한 정보이다. 한 가지 정보를 알았을 때 이와 연관된 다른 정보도 쉽게 이해할 수 있기 때문이다. 그러므로 이런 정보들을 먼저 찾아 표현하는 것이 지식의 표출 단계에서 매우 중요하다.

조직화 능력

컴퓨터의 자료를 정리할 때 폴더를 만들고 일정한 법칙 아래 파일의 이름을 정해 분류하면 훨씬 효율적으로 사용할 수 있다. 즉 같은 정보라도 어떻게 분류해 조직화했는지에 따라 그 가치가 크게 변하는 셈이다. 그러므로 표출하기로 결정한 자료를 각각의 특성에 따라 재분류하고 조직화해 그것의 지적 가치를 높여야 한다.

개념 심화 및 함축 능력

표현하고자 하는 자료를 문장에서 구절로, 좀 더 압축해 하나의 단어로 만들 수 있는 함축 능력이 필요하다. 더 나아가 표나 그림으로 표현할 때 한층 고도로 함축하는 것이 가능하다. 단 함축이란 단순히 부피만 줄이는 것이 아니라 그 안에 내용이 압축되어 있어야 한다.

압축이란 자료가 작아지는 것이 아니라 심화되고 함축되어, 그것을 다시 풀 때 그 내용이 복원되어야 한다는 것을 의미한다. 최근 컴퓨터

고공 그래프

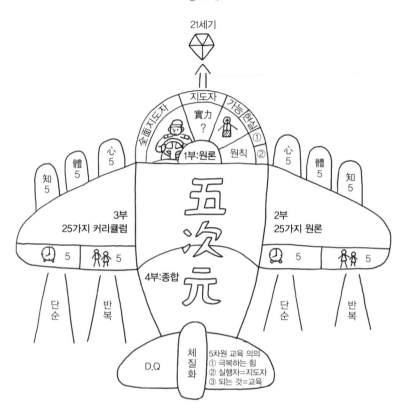

에서 압축 기술이 발전하면서 대량의 정보를 매우 작은 프로그램에 담아 저장했다가 다시 풀어서 쓰는 것을 볼 수 있다. 마찬가지로 우리도 정보를 그림, 표 등의 방식으로 압축해 효과적으로 표출할 수 있다.

고공 그래프는 5차원 전면교육 학습법을 간결하게 함축한 자료이다.

재검토 능력

표출된 자료는 재검토가 필수이다. 핵심 자료가 제대로 선별되었는지, 더 중요한 상관관계를 가진 자료를 빠뜨리지는 않았는지, 분류가 바르게 되었는지를 재검토해야 한다. 책을 교정한 경험이 있는 사람은 몇 번을 보았는데도 거듭 틀리는 부분이 있다는 사실을 안다. 그 이유는 자신이 가진 지적 습관, 즉 선입관 같은 사고체계가 자료를 왜곡해 틀린 것을 잘 찾아내지 못하게 만들기 때문이다.

그러므로 글을 쓰거나 말을 하거나 어떤 자료들을 표출할 때는 준비한 자료를 재검토해 자신의 사고체계에서 왜곡된 부분이 있으면 이를 찾아내고 사고체계를 재정립하는 기회로 삼아야 한다. 이때 반복되는 실수를 유형별로 정리해놓으면 자신의 지적 단점을 크게 줄일 수 있다.

9

함수로 표현하기
– 정보를 가장 고도화된 언어로 표현하는 함수화법

① 수학적 언어와 서술적 언어

함수화는 기호와 숫자로 구성된 함수를 이용해 세상의 사건들을 가장 함축적으로 표현하는 방법이다. 이러한 함수화는 사건 내용의 핵심을 파악하고 심화했을 때만 가능하며, 지식을 표출하는 고등 언어라고 말할 수 있다.

이런 언어 가운데 하나가 바로 수학적 언어이다. 표출 능력에 대해 설명하는데 느닷없이 수학적 언어라는 말이 나와 매우 낯설게 들리겠지만, 수학은 고도의 언어이다. 수학의 핵심이 함수라는 사실을 이해하면 이를 자신의 생각을 표출하는 데 매우 유용하게 활용할 수 있다.

이솝 우화에 황금 알을 낳는 거위 이야기가 나온다. 마음씨 착한 농부에게 거위가 한 마리 생겼다. 열심히 먹이고 돌보았더니 어느 날 거위가 알을 낳았는데, 황금 알이었다. 농부는 그 황금 알을 모아 내다 팔아서 아주 큰 부자가 되었다. 부자가 된 농부는 하루에 한 개밖에 알을 낳지 못하는 거위를 바라보며 곰곰이 생각했다. '하루에 한 개씩 황금 알을 얻자니 답답한 노릇이네. 이럴 게 아니라 거위의 배를 갈라보면 아주 많은 황금이 들어 있을 거야' 하고는 거위의 배를 갈라보았다. 그런데 웬걸, 거위 배 속에는 황금 덩어리는커녕 아무것도 없었다. 그 거위도 보통 거위와 똑같았던 것이다. 부자가 된 농부는 낙심했다. 더 큰 욕심을 부리다가 그나마 하루 한 알도 얻지 못하게 된 것이다.

그런데 지금부터 이야기하려는 거위는 우화에 나오는 그 거위가 아니다. 이 거위는 우리에게 먹이와 알의 관계를 통해 수학 세계를 아주 명확하게 해석해줄 것이다.

우리 집에 황금 알을 낳는 거위가 세 마리 있다고 치자. 한 마리는 아침에 사과 하나를 주면 황금 알 하나를 낳는다. 그리고 사과 2개를 주면 황금 알 2개를 낳고, 3개를 주면 3개를 낳는다. 다른 한 마리는 사과 하나를 주면 황금 알 2개를 낳고, 2개를 주면 4개를 낳고, 3개를 주면 6개를 낳는다. 또 다른 한 마리는 사과 하나를 주면 황금 알 하나를 낳고, 2개를 주면 4개를 낳고, 3개를 주면 9개를 낳는다.

이것을 표로 나타내면 다음과 같다.

먹이로 준 사과 개수	1	2	3
거위 1이 낳은 황금 알	1	2	3
거위 2가 낳은 황금 알	2	4	6
거위 3이 낳은 황금 알	1	4	9

그런데 이 이야기를 수학적 언어인 식으로 나타내면 다음과 같다.

거위 1: $y = x$
거위 2: $y = 2x$
거위 3: $y = x^2$

그런데 앞의 예를 말로 설명한 것과, 표로 나타낸 것과, 수학적 언어로 나타낸 것, 이 세 가지 표현 방식 중에서 어느 것이 간단하면서도 정확하게 의미를 전달하는가? 바로 수학적 언어를 사용한 경우이다. 수학적 언어를 사용하면 훨씬 더 명료하게 이 이야기를 전달할 수 있는 것이다. 황금 알을 낳는 거위 이야기를 서술적 언어로 표현하면 10여 분 걸릴 것을 그림이나 표로 나타내면 더 간략하고 이해하기도 쉽다. 더구나 수학적 언어로 나타내면 아주 간단하게 표현할 수 있다.

언어는 정보를 전달하는 도구로 그 종류에는 세 가지가 있다. 하나는 서술적 언어이다. 서술적 언어란 우리가 일상생활에서 가장 많이 사용하는 언어이다. 우리가 가정과 직장에서 주고받는 대화는 서술적 언어로 이루어진다.

또 하나는 그림과 도표이다. 서술적 언어로 정보 전달이 충분하지 못할 때 그림과 도표로 정보를 더욱 명확하게 전달할 수 있다. 남자친구의 외모를 어머니에게 설명하는 상황을 가정해보자. "키는 175cm이고 좀 통통한 체형이며, 눈이 작고 눈썹은 짙고……"라고 서술적 이야기로 설명을 한다. 그러면 어머니는 대충 어떻게 생겼는지 알 수는 있지만, 길을 지나가다 그 사람을 만나면 알아보지 못할 것이다. 그러나 어머니에게 남자친구의 사진을 보여준다면 따로 설명하지 않아도 어머니는 남자친구가 어떻게 생겼는지 알 것이다.

컴퓨터 운영체계를 보자. 예전에는 도스 환경이었다. 도스는 명령어를 입력해야 프로그램이 실행된다. 즉 서술적 언어로 정보를 입력한다. 반면 윈도 환경은 그림으로 표현한다. 명령어를 입력할 필요 없이 아이콘을 클릭하기만 하면 프로그램이 실행된다. 그림과 도표의 언어로 정보가 전달된다. 이처럼 도스와 윈도는 차원이 다른 체계이다.

서술적 언어, 그림과 도표의 언어와 또 다른 차원의 언어가 있다. 그것이 바로 앞에서 설명한 수학적 언어이다. 수학적 언어는 분명 서술적 언어, 그림과 도표의 언어와는 또 다른 새로운 차원의 언어이다. 수학적 언어의 힘은 실로 강력하다.

첫째, 굉장히 함축적인 언어이다. 앞에서 살펴보았듯이 $y=x$, $y=2x$, $y=x^2$이라는 식은 매우 짧은 언어이지만 이 언어가 가진 정보는 엄청나다. 수없이 많은 정보를 단 하나의 짧은 식으로 표현했기 때문에 고도의 함축적 언어라고 할 수 있다.

둘째, 수학적 언어, 즉 수학적 식으로 표현하면 새로운 문제가 발생할 때 해결할 수 있는 힘을 갖게 된다. 예를 들어 세 번째 거위가 사과를 5개 먹었을 때 알을 몇 개나 낳는지 알아야 한다고 하자. 서술적 언어로만 표현하면 몇 개인지 알기가 매우 복잡하다. 그러나 수학적인 식으로 표현하면 '5×5=25'라는 수식을 바탕으로 알의 개수가 25개라는 사실을 즉시 알 수 있다.

그러면 이런 수학이라는 언어는 왜 그렇게 어렵게 느껴지는 걸까?

그 이유 중 하나는 수학이 고도의 함축적 언어로 매우 전문적인 정보를 표현하기 때문이기도 하지만, 그보다는 수학이 언어임에도 언어로 인식되지 않기 때문이다. 예를 들어 'school'이라는 영어 단어를 가르칠 때 '학교'라고 가르쳐주면 되는데, 그렇게 하지 않고 "school이 있는데 거기는 아이들이 가는 곳이야" 하고 말해준다. 그러면 학생들은 "그곳이 놀이터예요?" 하고 묻는다. 그러면 다시 "그곳은 사람들이 한꺼번에 모이는 곳이야" 하고 덧붙인다. 이번에 학생들은 "수영장인가요?" 한다. 그러면 "그곳에는 선생님들이 있어" 한다. 무슨 말인가 싶을 텐데 우리는 바로 이런 방식으로 수학을 가르치고 있다. 이렇게 그 언어가 가진 의미를 가르쳐주는 것이 아니라, 주변 이야기만 많이 하기 때문에 사람들이 정확하게 이해하지 못한다. 수학은 단순히 외워야 할 공식이 아니다. 단지 수학적 언어가 가진 의미를 알면 이해하게 되는 것이다.

② 수학적 언어와 함수

수학 과목에서 많은 것을 배우는 것 같지만 크게 보면 수, 집합, 식, 방정식, 부등식, 함수(다항함수·삼각함수·지수함수·로그함수·유리함수·무리함수 등), 도형, 행렬, 수열, 미분, 적분, 확률, 통계가 전부이다. 그런데 이에 100/10 학습 원리를 적용하면 상관관계가 가장 높은 것이 바로 함수이다. 그러므로 함수가 수학에서 가장 중요하고 함수를 이해하면 수학적 언어를 이해할 수 있다.

그럼 함수란 무엇일까? 우리는 이미 앞에서 함수를 접했다. 거위에게 사과를 먹였을 때 알을 몇 개 낳았는지 설명하기 위해 $y=x$, $y=2x$, $y=x^2$라는 식으로 표현했는데 이것이 바로 함수이다. 함수를 쉽게 이해하기 위해서 다음과 같은 상자를 생각해보자. 위에 구멍이 있고 아래에도 구멍이 있는 상자 안에는 마술 막대를 가진 요정이 있다. 상자에 어떤 것을 넣으면 요정이 마술을 부려 새로운 무언가를 만들어 다시 상자 밖으로 내보낸다. 바로 이 상자를 함수라고 한다.

$y=x^2$이라는 상자에 먹이로 사과를 하나 넣으면 황금 알이 하나 나오고, 2개를 넣으면 4개가 나오고, 3개를 넣으면 9개가 나온다. 그러므로 $y=x^2$은 함수가 되는 것이며, 이 함수만 알면 먹이를 주었을 때 어떤 일이 일어날지를 예측할 수 있다.

또 다른 상자를 생각해보자. 상자에 특정 글자를 넣으면 다른 특정 글자가 나오는 상자이다. 상자에 '순신'을 넣었더니 '이'가 나왔다. '유신'을 넣었더니 '김'이 나왔다. '대중'을 넣었더니 '김'이 나오고 '영삼'을 넣었더니 '김'이 나왔다. 이 상자는 어떤 상자인가? 바로 어떤 사람의 이름을 넣으면 그 사람의 성이 나오는 상자이다. 이와 같은 것이 바로 함수이다.

따라서 자연 세계에서 일어나는 현상을 함수인 수학적 언어로 표현할 수만 있다면 자연 세계에서 일어나는 많은 일을 예측하고 이를 매우 유용하게 활용할 수 있을 것이다. 즉 수학은 자연 세계에서 일어나는 다양한 현상을 고도의 언어로 표현하는 것으로, 수학적 언어를 제대로 배우고 이해하면 우리가 살고 있는 자연 세계의 현상들을 훨씬 더 폭넓게 이해할 수 있을 것이다.

③ 수학적 언어와 구체화 능력

수학적 언어는 추상적인 개념을 구체화하는 능력을 길러준다. 인간의 지적 능력을 극대화하는 방법 중 하나는 추상적인 개념을 구체화하는 능력이다. 일반적으로 지식을 쌓는 과정에서 거치는 첫 단계는 많은 정보가 '추상적 형태'로 유입되는 것이다. 예를 들면 책을 보거나 강연 또는 수업을 듣거나 영화를 볼 때 우리는 먼저 다음에 서술한 것과 같은 느낌을 갖게 된다.

"참, 재밌다."

"와, 도움이 많이 되는데……."

"좀 어렵군."

"음, 흥미롭기는 한데 좀 설득력이 부족해."

이런 막연한 느낌이나 생각은 아주 추상적인 것이다. 이런 추상적인 것은 우리 속에 들어와 아주 구체적인 요소로 심화되어 지적인 힘으로 작용한다. 어떤 책을 보거나 강의를 듣고 좋다고 느끼더라도 그런 느낌만으로는 지적인 힘이나 행동할 수 있는 힘을 기를 수는 없다. 예를 들면, 학교에 갔다 온 아이에게 오늘 수업이 어땠느냐고 물으면 "좋았어요"라고 대답하는데, 이것은 좋은 답변이 아니다. 지적인 힘이 될 수 없기 때문이다. 지적인 힘이 되기 위해서는 구체적으로 정리할 수 있어야 한다.

이런 구체적인 힘을 기르는 데 수학적 언어가 아주 중요한 역할을 할 수 있다. 수학은 자연 세계에서 일어나는 많은 현상을 고도의 추상적인 언어로 나타낸 것이기 때문이다. 이는 인류가 개발한 가장 고급스러운 언어라고 할 수 있다. 여기 여러분이 너무나 잘 아는, 인류 역사를 뒤바꿔놓은 충격적이고 짧은 수학적 언어인 함수를 하나 소개한다.

$$E = mc^2$$

아인슈타인 박사가 최초로 깨닫고 정립한 에너지에 대한 새로운 언어이다. 에너지는 질량에 비례하고 빛의 상수의 제곱에 비례한다는 대단히 간단하면서도 엄청난 의미를 함축한, 가장 고도의 압축력을 지닌 언어이다.

서술적 언어나 그래픽 언어가 일상에서 쉽게 접할 수 있는 것이라면, 함수적 언어는 매우 전문적이라는 사실을 알 수 있다. 따라서 학생들은 수학과 과학 과목을 통해 이런 함수적 언어를 익혀나가는 것이다. 그러므로 일상의 현상들을 이러한 고급스러운 언어로 압축하고, 압축된 고급 언어를 일상의 언어로 새롭게 풀어내는 능력을 부지런히 연마하면 추상적 개념을 구체화하는 지적 능력을 기를 수 있다.

수학은 수리 정보를 다루는 학문이다. 일상적 언어 정보는 현상을 쉽게 표현할 수는 있지만 모호한 경향이 있으므로 탐구하는 데는 수리 정보가 보다 적합하다. 그러나 언어 정보에 비해 특별한 준비 작업이 필요해 약속과 원리를 이해하고 활용하는 과정이 어렵게 느껴진다. 다양한 관점으로 투영된 수리 정보들은 인간의 가장 고차원적인 탐구 도구이다.

수리 정보로 바꾸고 그것들을 종합해 사물을 판단하는 과정에서 생각하는 법을 배울 수 있다. 본질을 파악하고 수학적 언어를 다루는 능력을 기르는 것은 그보다 훨씬 복잡한 인생의 문제에 접근하는 능력을 향상하기 위한 일이다. 따라서 평생교육으로서도 그 중요성이 강조된다. 낯선 외국에 가면 지도가 필요하듯, 보이지 않는 영역과 실제로 갈 수 없는 외부 관점을 확보하기 위해서는 수학적 언어의 힘이 필요하다.

현대인이 추구하는 문제 가운데 '가장 적합한 것을 구하는 것'이 많다. 어떤 상품을 개발할 때 최대 이윤을 남기려는 것이나, 인공위성을 설계할 때 발생하는 문제는 대부분 수학적으로 해결할 수 있다. 과거에는 아무렇게나 만들어도 작동하던 것들이 과학과 기술이 발전하면 할수록 점점 더 효율적이고 적합한 것을 추구하기 때문이다. 한마디로 수학적 언어를 배제하고는 제대로 이루어지는 일이 없다.

미래를 대표하는 용어인 디지털 혁명도 수학과 함께 시작된다. 샤를 푸리에Charles Fourier의 이론에 따르면 모든 주기적 현상은 'sin'이나 'cos' 등 삼각함수의 합으로 나타낼 수 있다. 1948년 미국의 벨연구소Bell Lab의 수학자 클로드 섀넌Claude Shannon은 자신의 논문 〈통신의 수학적 이론〉에 이 이론을 적용했다. 그 결과 아날로그 통신 시대는 막을 내렸고 디지털 혁명이 가속화되었다. 현재 머리카락 굵기의 전선에 640만 개 이상의 신호를 처리할 수 있게 된 것이 수학자들의 공로이다. 푸리에의 이론은 많은 용량의 음악을 담는 CD를 탄생시켰을 뿐 아니라, 지구 반대편 사람들과 얼굴을 보면서 통화하는 것이 가능하게 만들었다.

현대인의 생활과 매우 밀접한 날씨도 수학을 빼고는 설 자리가 없다. 태풍이 분다든지 비가 온다든지 하는 기상 변화와 지진이 일어나고 해류가 흐르는 상황을 분석하고 예측하기 위해서는 고도의 미분방정식을 잘 풀어야 하기 때문이다. 일기예보가 어려운 이유 가운데 하나는 자료를 분석하고 설계하는 수학이 어렵기 때문이다.

미분방정식과 같은 수학은 국가 경제에도 큰 영향을 미친다. 현재 미국이 누리는 호황은 금융 호황이라고 불리는데, 이는 금융 수학이 바탕에 있기에 가능한 일이다. 1973년 피셔 블랙Fischer Black과 마이런 숄스Myron Scholes 같은 수학자들은 미분방정식 이론을 금융시장에도 적용할 수 있다는 사실을 발견했다. 금융시장의 흐름을 미분방정식을 통해 알 수 있다는 말이다. 뉴욕의 금융시장에서는 수천 명의 수학자가 새로운 금융 상품을 만들어낸다. 국민연금이나 퇴직금, 의료보험금 등 경제활동에서 파생되는 경영 문제와 기업 평가 등은 수학자의 손에서 다뤄진다. 세계경제의 흐름을 수학자들이 이끈다고 말해도 과언이 아니다. 이렇게 현대 수학은 과학은 물론 경제 분야와 일상생활 전반에 깊게 관여하고 있다.

이공계로 진출할 사람들만 수학을 공부하면 된다고 생각한다면 큰 오해이다. 수학은 사람의 마음을 종합적으로 훈련하는 학문이다. 단순히 과학을 배우기 위한 도구가 아니라 바르게 생각하고 바르게 표현하는 방법을 제공하는, 모든 사람이 알아야 할 유용한 언어임을 인식해야 한다.

3부

좀 더 나은 삶을 위해

1 지력만으로 해결할 수 없는 문제

이제까지 우리는 학문의 9단계에서 지력 향상을 위한 핵심 원리와 구체적 방법을 알아보았다. 그런데 한 가지 짚어봐야 할 것은 학습이 학습의 문제로만, 지력이 지력의 문제로만 국한하지 않는다는 점이다. 사람은 여러 가지 요소로 이루어진 복합체로서 각각의 요소가 서로 맞물려 영향을 주고받기 때문이다. 다음 이야기는 이런 사실을 잘 보여준다.

어떤 회사의 사장이 회사의 발전을 위해 성적이 우수한 직원을 뽑았다. 그런데 그 직원이 몸이 약해서 자주 결근을 하는 통에 좋은 결과를 얻지 못했다. 그래서 다음에는 성적도 좋고 건강한 직원을 뽑았다. 그런데 이번에는 부정적이고 소극적인 태도를 보이며 맡긴 일을 잘 해내지 못했다. 그래서 사장은 다음번에는 지력이 뛰어나고 건강하며 성격도 적극적인 직원을 뽑았다. 그런데 이 직원은 인간관계가 좋지 않아

10시간 앉아 있다고 10시간 공부하는 것이 아니다

날마다 사장에게 대들기나 하고, 주위 사람들과 싸우기 일쑤였다.

이런 사람들은 결국 자신뿐 아니라 자신이 속한 회사도 능력을 최대로 발휘할 수 없게 만든다. 지력·심력·체력·자기관리 능력·인간관계 능력 등 인간이 지녀야 할 여러 요소를 전면적으로 갖춘 사람이 진정한 실력자라고 할 수 있다.

마음의 문제

학습에도 같은 원리가 적용된다. 공부를 못하는 학생들을 관찰해보면 단지 공부에만 문제가 있지 않음을 곧 알 수 있다. 학생들은 보통 학교에서 10시간 수업을 하면 10시간을 공부했다고 말한다. 하지만 실상은 다르다. 비록 똑같이 10시간 앉아 있어도 공부 잘하는 아이는 그중 8~9시간 공부한 것이고, 적당히 하는 아이는 5~6시간, 아주 못하는 아이는 2~3시간도 안 한다.

똑같이 10시간 동안 공부한다고 앉아 있었는데 왜 8~9시간 공부하는 학생이 있고, 2~3시간밖에 공부하지 못하는 학생이 있을까? 그 차이는 우선 심력에서 비롯된다. 공부를 못하는 학생은 의지력이 떨어지고 동기부여가 약하고 자존감이 낮기 때문에 그것밖에 못 하는 것이다.

몸의 문제

약한 체력도 공부를 방해하는 요인 가운데 하나이다. 공부하려는 마음은 있는데 책상 앞에 앉기만 하면 졸리고, 인내력이 없어서 못 하는 것이다. 어느 신문 기사에 따르면 한국인의 58%가 운동을 전혀 안 하고, 고등학교 3학년 학생의 70% 정도가 요통을 경험한다고 한다. 이는 요즘 우리 어른들이 공부만 강조하면서 몸이 망가지는 것은 방치하고 있다는 사실을 반영한다. 요즘 많은 학생들이 몸이 뒤틀려 있고, 스트레스 때문에 몸이 노화된 것처럼 굳고, 내장 기능이 떨어져 변비로 고생하거나 축농증, 노이로제 등에 시달린다. 이런 건강 상태에서는 아무리 많은 시간을 공부하는 데 투자한다고 해도 효율이 떨어지는 것이 당연하다.

자기관리의 문제

자기관리 능력이 없는 사람도 마찬가지이다. 이런 사람은 시간을 어떻게 써야 하는지 모른다. 설령 계획을 많이 세웠더라도 자기 통제 능

실력을 발휘할 수 없는 다섯 가지 요인

심력	체력	지력	자기관리 능력	인간관계 능력
– 꿈이 없음 – 의지력 부족 – 부정적 마음 – 패배감, 열등감 – 반응력 없음	– 졸음, 변비 – 관절염, 요통 – 비염, 축농증 – 지구력 약함	– 글 읽는 방식이 잘못됨 – 전체를 알지 못함 – 추상적 개념을 구체화하지 못함	– 시간 관리 능력 없음 – 우선순위 결정 못함 – 재정 관리 능력 부족	– 부모와 관계 악화 – 교사와 관계 악화 – 사회 구성원 의식 부족

력이 없어서 실행하지 못하므로 좋은 결과를 얻을 수 없다.

인간관계의 문제

인간관계에 문제가 있어도 공부를 잘할 수 없다. 부모한테 마음의 상처를 입은 아이의 경우 그에 대한 앙갚음으로 부모가 원하는 것을 일부러 안 하기도 한다. 학교에서도 마찬가지이다. 특정 과목 교사와 사이가 나쁘면 학생이 그 과목 공부를 안 하는 경우가 많다.

그러므로 실력을 최대로 발휘하려면 단순히 지적인 측면에서만 접근한다고 되는 것이 아니라 지력·심력·체력·자기관리 능력·인간관계 능력 등에 전면적으로 접근해야 한다. 즉 심력이 약한 사람은 심력을, 체력이 약한 사람은 체력을, 자기관리 능력이 없는 사람은 자기관리 능력을 키워주고, 학습 방법이 잘못된 사람은 올바른 방법을 익히도록, 인간관계가 좋지 않은 사람은 좋은 관계를 맺도록 도와야 실력을 제대로 발휘할 수 있는 것이다. 5차원 전면교육이 이를 가능하게 한다.

2 5차원 전면교육이란?

인생의 성공은 어려움을 극복하는 데서 오며, 인간은 이 과정에서 성장하고 성숙해간다. 그리고 그 힘은 진리를 찾는 마음과 바른 세계관을 바탕으로 자신의 달란트를 최대로 발휘하고, 이로써 남을 도울 수 있는 지도력이 있을 때 생긴다. 달란트를 최대화하기 위해서는 인간을 구성하는 다섯 가지 요소인 지력·심력·체력·자기관리 능력·인간관계 능력을 전면적으로 길러주어야 한다.

현실 교육의 문제점

그동안 우리 교육은 경제적 성장에 몰두하는 사회 분위기에 떠밀려 공부 잘하는 것을 최고의 가치로 여기고, 올바른 인간으로 키우기 위한 전인교육은 뒷전에 밀어두었다. 그 결과 인성 교육에서 허점을 드러냈을 뿐 아니라 진정한 학문의 대가도 배출하지 못했다. 그 흔한 노벨상 수상자 하나 배출하지 못한 것이 우리 교육의 현실이다.

이러한 점을 볼 때 우리나라 교육의 대표적 약점으로 두 가지를 들 수 있다. 첫째는 성적과 실력에 괴리가 큰 점이다. 학교에서 영어 성적은 높은데 실제로 영어를 잘하지 못하고, 역사 성적은 높은데 역사의식이 없으며, 윤리 성적은 높은데 윤리성이 결여되어 있고, 체육 성적은 높으나 건강하지 않으며, 과학 성적은 높은데 과학적 사고방식을 갖지 못한 실력 없는 사람들이 길러진다는 점이다.

둘째는 인간의 문제를 잘 해결하지 못하는 점이다. 모든 것을 성적 위주로 바라보다 보니 성적이 중·하위권인 사람들은 실력을 쌓을 기회조차 갖지 못한다. 성적이 나쁘면 성적 나쁜 것으로 그치는 것이 아니라, 사람대접을 받기 어려운 지경이다. 이런 대접을 받으니 실력을 쌓을 기회를 갖지 못하고, 결국 실력 없는 사람으로 남는 것이다. 이런 악순환 속에서 공부 못하면서 불행한 삶을 살게 된다.

어려움을 극복하는 능력이 진정한 실력

교육은 '어떤 사람이 되느냐'에 관심을 갖는 것이다. 그런데 현재 우리 교육은 '어떤 성적을 내느냐'에만 관심이 있다. 이는 공부 잘하면 행복할 수 있다는 단순한 생각에서 비롯한 것이다. 일반적으로 우리는 행복을 얻기 위해 좋은 곳으로 가기를 원한다. 좋은 학교, 좋은 직장, 좋은 위치를 원한다. 그래서 공부를 잘하면 좋은 학교에 갈 수 있고, 좋은 직장을 얻을 수 있으며, 세상에서 성공을 누리면서 행복하게 살 수 있다고 생각하는 것이다.

그러나 실제적으로 좋은 곳에 가는 것이 행복을 보장하지는 않는다. 아무리 좋은 곳에 있다 할지라도 그곳에 계속 머물러 있는 경우는 거의 없기 때문이다. 어떤 사람이라도 인생 여정에 굴곡이 있게 마련이다. 좋은 곳에 있는 때가 있으면 그곳에서 물러나와 더 낮은 곳, 더 어려운 곳에 처할 때도 반드시 있다. 그래서 좋은 곳에 머무는 것만이 행복이라고 정의한다면 누구도 계속 행복할 수 없는 것이다.

그렇다면 행복을 얻을 수 있는 방법은 무엇인가? 그것은 어떠한 어려움에 처하더라도 이를 딛고 일어설 힘을 갖는 것이다. 아무리 낮은 곳에 처해 있어도 다시 올라설 힘이 있다면 그 사람은 어느 곳에 있든지 행복할 수 있다.

그러면 어떻게 이러한 어려움을 이길 힘을 가질 수 있는가? 첫째, 개인적으로는 진리를 좇으며 자신에게 주어진 능력을 최대로 키워본 사람이 어려움을 극복할 힘이 있다. 둘째, 남을 도울 수 있는 지도력이 필요하다. 여기서 지도력이란 남을 끌고 가는 것이 아니라 다른 사람의 능력을 최대한 키워주는 능력을 말한다. 그리고 남을 돕는다는 것은 세계를 품는다는 의미이다. 앞으로는 삶의 무대가 한 나라에 국한하지 않고 전 세계로 확장될 것이다. 작은 시골 마을에서 일한다 할지라도 세계를 바라보며 세계를 품고 일하는 것과 그렇지 않은 것에는 큰 차이가 있다.

자신의 능력을 최대한 발휘해본 경험을 가지고 그 힘으로 다른 사람의 능력을 최대한 키워주며 세계를 품는 비전이 있는 사람은, 어떤 위치에 있든지 자존감과 자기 가치를 깨닫고 행복할 수 있다.

자신의 능력을 최대한 발휘하기 위한 세 가지 원리

1원리: 올바른 방법을 알아야 한다

단지 열심히 한다고 해서 실력을 향상할 수 있을 거라고 생각한다면 착각이다. 어떤 일을 하든지 그 일에 적합한 방법과 원리를 구체적으로 알아야 잘할 수 있다. 앞에서도 얘기했듯이 수영을 예로 들어보자. 어려서 개헤엄을 배운 사람이 자식에게도 개헤엄을 가르쳤다. 그러다 아이가 나중에 수영장에서 코치에게 정식으로 자유형을 배워 아버지보다 수영을 더 잘하게 되었다. 이때 아버지가 아들을 이기기 위해 밤을 새워가며 개헤엄을 아무리 많은 시간 동안, 열심히 연습했다고 해도 체계적으로 자유형을 연습해가는 아들을 이길 수는 없다. 아무리 연습해도 개헤엄은 그저 개헤엄이기 때문이다. 어떤 일을 열심히 하면 어느 정도 나아질 수 있을지 모르지만, 올바른 방법이 아니라면 자신의 능력을 최대로 발휘할 수 없다.

이 원리는 수영에만 적용되는 것이 아니라 직장 생활이나 정치 현장, 또는 연구소나 학교에도 똑같이 적용된다. 평범한 학생들은 공부를 시작할 때 특정 학문이나 학과목의 원리와 특성을 제대로 파악하지 못한 채 개헤엄을 치듯이 공부를 한다. 그래서 자기가 터득한 방법의 최대치까지 발전하는 데 그치고, 본래 자기가 가진 능력의 최대치까지 발휘하지 못하는 것이다. 최고의 방법을 터득하기 위해서는 먼저 학문에 정통하고 그 과목을 잘 아는 사람에게 원리와 특성을 배우고 익혀야 한다.

2원리: 다면적으로 접근해야 한다

공부를 잘하는 방법을 가르쳐준다고 해서 모두 공부를 잘할 수 있는 것은 아니다. 아무리 좋은 것을 주어도 그것을 받아들일 수용성을 갖추지 못하면 아무런 의미가 없다. 그러므로 가르침teaching과 배움learning 사이에는 간격이 있는 것이고, 이를 극복하기 위해서는 왜 받아들일 수 없는지 원인을 파악하고 이를 해결할 능력을 길러야 한다.

공부를 잘하기 위해서는 다면적으로 접근해야 한다. 심력이 약한 사람은 심력을, 체력이 약한 사람은 체력을, 자기관리 능력이 없는 사람은 자기관리 능력을 키워주면 공부를 잘할 수 있게 된다. 학습 방법이 잘못된 사람은 올바른 방법을 익히도록, 인간관계가 좋지 않은 사람은 좋은 관계를 맺도록 도우면 공부를 잘할 수 있다. 즉 심력·지력·체력·자기관리 능력·인간관계 능력이라는 인간의 근본적 다섯 가지 요소를 전인적이고 전면적으로 키울 때 능력을 최대로 발휘할 수 있는 것이다.

3원리: 구체적인 커리큘럼이 있어야 한다

어떤 원론적 내용이 정립되었다 하더라도 그것을 활용하기 위해서는 실천할 구체적 방법론이 있어야 한다. 앞에서 언급한 원리들이 아무리 좋고, 그것에 충분히 공감한다 해도 그 원리를 따를 커리큘럼(교육과정)이 없으면 공허한 말에 불과하다. 예를 들면 학교에서 정직, 성실, 사랑 등 추상적인 개념을 급훈이나 교훈으로 정해놓았더라도 실천할 방법을 제시하지 않으면 아무 소용이 없다. 교훈이 정직이라면 학생들의 교과 프로그램에 정직을 실천할 수 있는 요소가 포함돼야 한다. 그렇지 않고 그냥 "정직하게 살아라"라고 말한다고 해서 아이들이 정직해지는 것은 아니다.

전인적인 훈련이 아무리 중요하고 필요한 것이라고 외쳐도 그것을 실천할 수 있는 프로그램이 없으면 소용없다. 그래서 5차원 전면교육 프로그램에서는 실천 가능한 25가지 커리큘럼을 개발했다. 이 프로그램을 통해 지력·심력·체력·자기관리 능력·인간관계 능력을 전인적으로 갖춘 인간상을 만들고자 했다. 개인이나 조직이 최대의 능력을 발휘하기 위해서 올바르고 효과적인 방법을 아는 것이 우선이며, 이후에 이러한

전인격적 인성 교육을 위한 25가지 커리큘럼

지력 참과 거짓을 구별하는 힘	심력 지식을 내면화하는 힘	체력 진리를 실천하는 힘	자기관리 능력 에너지를 바르게 배분하는 능력	인간관계 능력 에너지를 남과 공유하는 능력
지식 운영 능력	삶의 목표 의식 확립	5차원 건강관리법	자유에너지 확장	인간 특질 발견
다중 언어 능력	반응력 기르기	최대출력법	시간 관리	우리 가족
자연 세계의 이해	풍부한 정서 기르기	노동과 쉼	재정 관리	우리 동료
역사 이해 능력	긍정적 사고방식	직업관	언어 및 태도 관리	우리 사회
창조적 지성	바른 세계관의 확립	전면적 인성의 확립	융합적 능력	글로벌 인간상

방법으로 최선을 다하는 것이 능력을 최대로 발휘하는 비결일 것이다.

이 25가지 커리큘럼은 중국, 러시아, 몽골, 미국, 중앙아시아의 10여 개국에서 지금까지 20여 년간 실시되었다. 1996년 중국 옌지시 2중의 10개 반 중 하위권에 머물던 학급에서 이 교육을 실시한 후, 학생들이 모든 일에 자신감을 갖게 되었을 뿐 아니라 학급 성적도 최상위권이 되었다. 1997년 몽골의 밝은미래종합학교에서 길거리를 떠도는 아이들에게 5차원 전면교육을 도입한 이후, 학생들의 태도가 달라지고 다른 학교에 비해 학력이 월등히 향상되었다. 이를 계기로 2001년 11월에는 몽골 대통령과 필자의 면담을 통해 2002년 몽골국제대학교MIU를 설립했다. 그리고 2006년에는 라오스국립대학교에서 5차원 전면교육을 도입해 학생들을 교육했으며, 2012년에는 탄자니아에도 본 교육을 실시하는 탄자니아연합대학교가 설립되었다.

한국에서는 세인고등학교를 설립해 5차원 전면교육을 공교육 기관에 접목했다. 최하위권 학생들을 모집해 인성 교육에 최대한 집중하면서도, 3년 만에 90% 이상의 재학생이 대학에 진학하는 결과를 내기도 했다. 그 후 본 교육이 교원 직무 연수 프로그램으로 개설되어 1만 5,000여 명의 교사가 훈련을 받았으며, 동두천중·고등학교, 벨국제학교, 디아글로벌학교DGA 등에 도입되며 탁월한 결과를 낳고 있다. 그리고 2017년에는 KAIST 미래전략대학원에서 5차원 전면교육을 수용성 교육이라는 이름으로 국가 미래 교육의 모델로 제시했다.

실천 프로그램

5차원 전면교육으로 지력·심력·체력·자기관리 능력·인간관계 능력을 키우는 것은 어떤 의미가 있는가? 이는 참과 거짓을 구별할 수 있는 지력 훈련, 지식을 내면화할 수 있는 심력 훈련, 내면화된 생각을 실천할 수 있는 체력 훈련, 자신의 에너지를 가치 있는 곳에 쏟을 수 있는 자기관리 능력 훈련, 공동체 의식을 갖도록 하는 인간관계 능력을 바탕으로 구체적으로 지도력을 계발해 비전을 실천할 힘을 기르는 것이다. 이를 위해 5차원 전면교육에서는 다음과 같은 구체적인 훈련을 받게 한다.

지력: 지식 운영 능력과 다중 언어 능력

참과 거짓을 구별하는 지력은 지식을 넘어서 지식을 운영하는 100/10 학습 원리 등의 방법으로 기를 수 있다. 그리고 지식 운영의 실질적 방법으로 학문의 9단계를 익힌다. 여기서는 지식 운영 능력을 기르기 위해 구체적으로 5차원 독서법의 원리를 익히고 독서치료의 이론과 실제를 공부한다. 독서 능력은 지력 향상의 가장 주요한 도구이다.

특히 이해력을 높임으로써 독서 시 정보의 양을 획기적으로 늘릴 수 있다. 또 안구 운동과 의미 단락으로 나누어 읽는 습관을 바탕으로 속해 훈련을 체계적으로 하며, 지식의 고도화와 표출에 관한 이론과 실제를 공부한다.

모든 지식은 언어라는 도구로 전달되므로 국제적 언어를 쉽게 익히는 능력을 가진다는 것은 지력을 증진하는 데 매우 중요한 역할을 한다. 이러한 점을 반영해 각 언어가 가진 특성과 타 언어와의 공통성을 이해하고, 이를 바탕으로 언어의 벽을 넘어 다른 언어를 익힐 수 있는 지식 운영 방안을 찾아본다. 일차적으로 언어 간 사고 구조의 차이를 파악하기 위해 사고 구조 변환 학습법을 익히고, 언어를 쉽게 익히기 위한 지식 운영 시스템으로 사고 구조 변환법과 아울러 발성 구조 변환 학습법을 익힌다. 이 단계에서는 각 언어의 독특한 성조, 발음, 연음을 체계적으로 연습하고 자신의 생각을 효율적으로 발표할 수 있도록 문장을 쉽고 간결하게, 그리고 깊이 있게 표현하는 방법을 훈련한다.

심력: 묵상법과 예술 활동

입수된 지식을 내면화해 보이지 않는 세계를 보는 힘을 기르는 단계이다. 이를 위해서 개념 심화 학습법과 질문 학습법을 익힌다. 특히 3분 묵상법을 훈련해 사람들이 긍정적 세계관을 가질 수 있게 돕는다. 우리 두뇌는 논리적 사고와 감성적 사고를 각각 담당하는 좌뇌와 우뇌로 나뉘어 있어 이를 조화롭게 발전시키는 예술 활동의 이론과 실제를 체계적으로 익힐 필요가 있다. 이 과정에서 각자 적합한 예술 활동을 할 수 있게 한다.

체력: 건강관리와 일

건강을 해치는 데는 심리적·물리적·화학적 원인이 있다. 그러므로 심리적 압박감을 해소하고 비틀어진 몸을 곧고 부드럽게 하며, 올바른 방식으로 음식물을 섭취하면 건강을 매우 효과적으로 유지할 수 있다. 이를 위해 효과적인 다섯 가지 운동 방식을 익히고, 습관화하는 방법을 배운다. 아울러 한 가지 스포츠를 할 수 있게 지도한다.

직업은 생계유지뿐 아니라 사회적 책임이자 의무로서 삶의 행복과 기쁨, 또 다른 가치와 의미를 찾는 것과 밀접한 관계가 있다. 그러므로 바른 직업관을 이해하고 직업의 중요성을 인식하는 것이 무엇보다 중요하다. 직업 관리표 작성법을 익히고 자신의 직업관을 구체적으로 정립할 수 있게 한다.

자기관리: 시간·물질·언어·태도 관리

똑같은 에너지를 지니고 있어도 그 에너지를 어떻게 사용하는지에 따라 결과가 완전히 달라질 수 있다. 그러므로 에너지가 얼마나 많은지도 중요하지만, 이를 어떻게 사용해야 하는지를 체계적으로 훈련하는 것이 관건이다. 그중에서도 우리에게 가장 필요한 시간 관리의 기술을 접하고 실습한다. 특별히 시간의 양을 늘리고 질을 향상시키는 방법을 배우고, 효과적 시간 관리 기법인 5차원 디자인FDD, Five Dimension Design을 배운다. 시간 관리 외에 우리가 가진 에너지의 다른 면인 물질·언어·태도에 대해 자유에너지 늘리기, 우선순위 정하기, 남과 나누기를 기본 원리로 관리 방법을 익힌다.

특히 태도 관리에서 절제와 온유한 태도를 유지하는 방법을 배우고,

화평과 사랑의 원리를 이해한다. 아울러 내면의 성찰을 위한 일기 쓰기를 실천하도록 지도한다.

인간관계: 나―나의 관계 그리고 섬김의 리더십

인간관계가 깨지는 가장 큰 이유는 자신의 내면에 있는 상처를 치유하지 않고 그대로 방치했기 때문이다. 그러므로 자신의 열등감과 우월감을 없애는 방법을 찾아야 한다. 이를 위해 인간에게는 약점과 장점이 따로 있는 것이 아니라, 개인의 고유한 특질이 있다는 사실을 인지해 약점 목록표와 장점 목록표를 작성하고 이를 토대로 자신의 특질을 찾는 훈련을 한다. 진리를 좇으며 자신의 달란트를 최대로 발휘하고 이를 바탕으로 다른 사람이 달란트를 최대한 발휘하게 함으로써 남을 섬기는 진정한 지도력인 섬김의 리더십 개념을 이해하게 한다. 이로써 공동체를 이해하고 진리를 좇으며 남을 섬기는 진정한 지도자를 양성할 수 있다. 아울러 타인과 효과적으로 유대 관계를 맺는 수단으로 편지 쓰기를 실천하게 한다.

실행자의 원리

5차원 전면교육에서 중요한 것은 '실행자의 원리'이다. 피아노를 잘 치는 사람의 연주를 듣고 깊이 감동했다고 해서 내가 피아노 앞에 앉으면 바로 피아노를 칠 수 있는 것이 아니다. 마찬가지로 5차원 전면교육의 원리에 공감하고 동의한다 해도 그 자체로 이 교육을 다 안다고 말할 수는 없다.

5차원 전면교육은 철저하게 체화해야만 효과를 볼 수 있다. 교육 현장에서 전인교육이 이루어지지 않는 이유는 자명하다. 교사들이 전인교육을 받기 못했기 때문이다. 우리 자신이 전인식인 삶을 살아온 사람에게 전인교육을 받은 경험이 없기 때문에 우리 아이들을 전인적으로 교육할 능력이 없는 것이다. 전면적인 인간은 좋은 프로그램으로 만들어지는 것이 아니라, 전면적 인간을 통해 길러진다는 사실을 인지해야 한다.

다이아몬드칼라를 꿈꾸며

인류사에서는 시대마다 그 시대에 특화된 집단이 등장해 사회의 지도층으로 사람들을 이끌었다. 근대로 넘어오면서 산업혁명 직후에는 노동자 집단인 이른바 '블루칼라'가 시대를 주도했으며, 그 후 20세기에는 지적인 힘을 가진 '화이트칼라'가 주도권을 잡았다. 사회학자들은 21세기에는 '골드칼라'가 이 세계를 주도할 것이라고 한다. 골드칼라는 지력과 더불어 심력을 가진 사람을 말한다.

미래 세대에는 골드칼라를 넘어 지력·심력·체력·자기관리 능력·인간관계 능력 등 인간을 구성하는 다섯 가지 요소를 전면적으로 계발하고 발휘하는 '다이아몬드칼라Diamond collar'의 사람들이 진리를 좇으며 자신의 달란트를 최대로 발휘하고, 이를 바탕으로 남을 돕는 진정한 지도력을 발휘해 이 사회를 주도해가리라고 본다.

그렇다면 다이아몬드칼라는 어떤 특징을 지닌 사람들을 말할까? 첫째, 남을 도울 수 있는 능력을 가진 사람이다. 이런 사람은 자유에너지를 확장할 수 있기 때문에 돈과 지식, 권력을 얻으려고 노력하지만 그에 얽매이지 않으며 가난해도 비굴하지 않고 부자가 되어서도 거만하지 않다. 그리고 남과 나누는 것이 결코 자신에게 손해가 아니라는 점을 이해하고 이웃과 나누는 여유가 있다. 이때 남을 돕는다는 것은 남의 달란트를 최대로 키워주는 진정한 지도력을 말한다.

둘째, 자신의 달란트를 극대화할 수 있는 사람이다. 달란트를 극대화한다는 것은 남보다 잘하는 것을 의미하는 것이 아니라 자신의 그릇을 최대화하는 것을 말한다. 많이 가지려 하기보다 자신의 그릇에 최대로 채우려고 노력하는 것이다. 인생에서 승리한다는 것은 남을 이기는 것이 아니라 나를 이기는 것이다.

셋째, 마음속에 세계를 품은 사람이다. 자신과 자신의 가족, 자신이 속한 국가와 민족만이 아니라 글로벌 리더십을 가지고 보편적 인류를 사랑할 수 있는 사람으로, 이런 사람은 오지에서 단 몇 명을 도우면서도 인류의 등불이 될 수 있다.

그러므로 미래 세대의 진정한 리더란 자신의 능력을 최대한 발휘하는 사람이자, 그 힘을 바탕으로 남의 달란트를 최대로 키워주고, 자신의 능력을 인류를 위해 사용하는 사람이다.

한민족 교육 공동체와
글로벌 교육 공동체의 비전

현재 우리 교육에는 많은 문제점이 있지만 그렇다고 모두 부정할 정도
는 아니다. 우리 민족은 온갖 어려움을 딛고 일제강점기와 한국전쟁을
거치며 폐허가 된 땅에서 세계 10위권의 경제 대국으로 성장할 정도로
큰 열매를 맺어왔다. 그리고 이러한 성과를 이룩하기까지 우리 교육이
큰 역할을 해온 것이 사실이다.

　하지만 지금의 교육 틀로는 이제 우리 앞에 놓인 시대적 상황에 효
과적으로 대응하기 어렵다. 우리 민족이 맞닥뜨린 세계사의 소용돌이
에서 생존하고 우리에게 맡겨진 역사적 사명을 감당하려면 매우 어려
운 다음의 두 가지 난제를 시급하게 풀어야만 한다. 그 하나는 일거에
한반도 전역을 초토화할 수 있는 위험을 안은 남북한의 갈등을 해소하
는 것이고, 다른 하나는 많은 어려움이 있더라도 이를 극복하고 선진국
대열에 진입하는 것이다. 그리고 이런 난제는 글로벌한 사역을 통해서
만 풀 수 있다.

우리 민족은 반만년의 역사를 이어오는 동안 글로벌 프로젝트를 이끈 경험이 별로 없다. 그 긴 시간 동안 1,000여 회의 외침을 받았지만, 우리가 다른 나라를 침범한 사례는 한 손에 꼽을 정도이다. 한반도에만 갇혀 있던 우리가 글로벌 프로젝트를 수행해서 이 어려운 시기를 극복해야 하는 것이다. 이제 우리는 우리 민족이 21세기 세계사의 전면에 선 나라가 되었다는 사실을 깊이 인식해야 한다. 현재 한국인은 전 세계 180개 이상의 국가에 널리 퍼져 있으며, 그 수가 750만 명에 달한다. 그리고 이들의 분포도를 보면 미국에 220만, 일본에 90만, 중국에 270만, 러시아 지역에 50만 명 등으로 놀랍게도 전체의 반 이상이 현재 세계의 운명을 쥐고 있는 4강에 거주하며 세계적 영향력을 만들어내고 있다.

아이러니한 점은 이런 영향력이 우리 민족이 의도해 만들어낸 것이 아니라 우리 민족의 고통의 결과라는 사실이다. 일제강점기에 생존을 위해 혹은 최소한의 자존을 지키기 위해 중국에 정착한 우리 선조들은 돌아오지 못하고 조선족이 되었고, 구소련의 강제 이주 정책으로 중앙아시아에 버려진 선조들 또한 돌아오지 못하고 고려인이 되었으며, 일제에 강제징용을 당한 사람들은 재일 동포가 되었다. 거기에 더해 한국전쟁으로 수많은 사람이 미국과 유럽으로 나가면서 지금의 거대한 세계적 민족군이 생겼다. 우리 민족의 고통이 우리 민족을 세계사의 전면에 세운 셈이며, 이것은 우리 민족이 의도한 것이 아니라 역사적으로 우리 민족에게 주어진 현실이라는 점을 꿰뚫어보는 역사적 안목이 필요하다.

그래서 우리는 한민족 교육 공동체를 꿈꾼다. 남북한에 갈라져 있는

7,500만의 동포와 해외에 흩어진 750만의 동포를 바른 미래 교육의 새 패러다임인 수용성 교육의 끈으로 함께 묶는 것이다. 그리고 이를 타민족과 힘을 공유하고 보편적 인류를 사랑하는 '글로벌 교육 공동체Global Education Community'로 확대해나가야 할 것이다. 우리는 5차원 수용성 교육으로 자신의 능력을 극대화하고, 그것을 바탕으로 다른 사람을 돕는 '세계를 품은 다이아몬드칼라의 전면적인 인간'을 양성함으로써 이들을 통해 황폐하고 무너진 우리 교육을 재건하고, 잃어버린 인간성을 회복해 모든 인류가 진정으로 가치 있는 삶을 살아갈 수 있게 해야 한다.

국가 미래 교육의 새 패러다임
수용성 교육

본 보고서는 이미 〈KAIST 대한민국 국가미래전략 2015〉의 교육 분야에서 제안한 내용과 〈KAIST 대한민국 국가미래전략 2016〉의 교육 분야에서 제안한 내용을 근거로 한다. 2015년 보고서에서는 한국의 미래교육 전략의 목적을 '교육력의 신장'으로 설정했다. 학교는 물론이고 가정, 나아가 사회 등 다양한 형태를 띠는 교육 시스템의 교육력을 신장해야 한다는 것이다. 현재 우리 사회가 지닌 문제를 해결하는 방법은 창조적 지성, 바른 세계관, 전면적 인성, 융합적 능력, 글로벌 의식을 갖춘 미래 인재를 길러내는 것이라고 제시했다.

2016년 보고서에서는 이와 같은 미래 인재를 양성하기 위해서는 지력·심력·체력·자기관리 능력·인간관계 능력의 다섯 가지 전인격적 인성을 회복해 인간의 '수용성'을 키워주어야 한다고 강조했다. 그리고 이렇게 양성한 고도의 인적자원을 전면에 배치해 우리나라가 미래에 풀어야 할 과제로 통전적 평생교육 시스템의 확보, 세계시민 양성, 통일에 대비한 통일 교육 방안을 찾을 것을 제안했다.

① 미래 인재 양성을 위한 수용성 교육

교육의 결과는 피교육자의 수용성과 본질적으로 연관이 있다. 즉 양질의 교육을 제공했을 때 그것을 받아들이는 수용성이 높은 사람에게서 좋은 결과가 나오는 것이다. 수용성 부족은 2015년 보고서에서 지적했듯이 지성의 틀, 마음의 틀, 몸의 틀, 자기관리의 틀, 인간관계의 틀이 왜곡된 데 따른 결과이다. 따라서 이 다섯 가지 틀을 회복할 수 있는 현실적 교육 커리큘럼을 제시해야 하며, 아울러 창조적 지성, 융합적 능력, 글로벌 의식을 가진 미래 인재를 위한 프로그램을 구체화해야 한다.

전인격적 인성 교육을 기반으로 수용성을 회복하기 위해서는 참과 거짓을 구별하는 지력, 지식을 내면화하는 심력, 진리를 실행하는 체력, 자신이 가진 에너지를 바르게 분배하는 자기관리 능력, 자신이 가진 에너지를 다른 사람과 공유하는 인간관계 능력을 길러야 한다. 그래서 인식의 틀을 바르게 정립하고, 내적 수용성을 향상하며, 탁월성을 발휘하도록 전인격적 인성 교육 프로그램을 설계했다. 교육과 문화가 발전하는 등 삶의 질이 향상하고 사회가 복잡해짐에 따라 현대 교육목표인 인지적·정의적·운동 기능적 영역의 교육만으로 감당하기 힘든 것이 사실이다. 그러므로 이 프로그램에 자기관리 영역과 인간관계 영역을 더해, 전체 커리큘럼을 지력·심력·체력·자기관리 능력·인간관계 능력의 다섯 가지 영역으로 확대했고, 이 과정을 거쳐 전면적 인성과 바른 세계관을 갖출 수 있도록 했다.

현재까지 본 교육 커리큘럼에 따른 수용성 교육은 각 시도 교육청 단위로 실시하는 교원 직무 연수 프로그램으로 개설되어 약 1만 5,000여 명의 교사가 훈련을 받았으며, 연구학교를 신설하거나 기존 학교에서 이를 실행해 탁월한 결과를 보여주고 있다. 박남기*는 이런 수용성 교육체계를 아들러의 세 가지 삶의 틀 개념, 즉 자기개념, 세계상, 자기 이상과 비교·분석했다. 본 수용성 교육의 커리큘럼은 알프레트 아들러Alfred W. Adler의 심리학과 맥을 같이한다. 아들러가 삶의 틀을 강조하는 것처럼 수용성 교육에서는 지력·심력·체력·자기관리 능력·인간관계 능력의 다섯 가지 '수용성의 틀'을 강조한다. 수용성의 요소가 망가지면 학습과 성장이 어려워진다. 이는 '리비히의 최소량의 법칙'에서 보듯이 다섯 가지 수용성 요소 중 가장 부족한 요소가 학생의 학습 성과를 결정하기 때문이다.

② 미래 인재의 핵심 역량

창조적 지성

인성의 왜곡은 인식 틀의 왜곡에서 나온다. 이광형**은 학습자가 외

---

* 박남기, 〈미래 교육의 새 패러다임〉, 미래창조과학부 국가미래전략종합학술대회, 2015.
** 이광형, 〈인식의 틀과 가치좌표〉, KAIST 국가미래전략 정기토론회, 2015.

부에서 들어온 기호언어를 재해석하는 과정은 자신이 사물을 인식하는 방식인 '인식의 틀'에 크게 영향을 받으며, 인식의 틀에 문제가 생기면 가치좌표에도 왜곡이 나타난다는 점을 지적했다. 인성 교육이란 마음속에 가치좌표를 올바르게 배치하는 일이라고 할 수 있는데, 인식의 틀이 서로 다르면 동일한 인성 교육을 받았어도 가치좌표를 다르게 설정할 가능성이 있다. 그래서 바른 인성 교육을 위해서는 인성 교육을 하기 전에 먼저 인식의 틀을 바꾸어야 한다. 인식의 틀은 개인에 따라 각자 다른 특성을 가지고 있다. 하지만 그 특성과 차이점이 얼마나 다른지 객관적으로 볼 수 있는 방법은 없다. 개인의 뇌 속에 입력된 지식을 각자의 인식의 틀을 거쳐 재해석하는 과정을 엿보는 방법으로 '사선'을 치며 문장을 읽는 방법이 있다. '아버지가 방에 들어가신다'라는 문장이 있다. 이것을 두 가지 방식으로 재해석해 받아들일 수 있다. '아버지가 / 방에 / 들어가신다' 또는 '아버지 / 가방에 / 들어가신다'. 이것이 바로 인식의 틀을 시각화하는 방법이다. 인성 교육 과정에서도 인식의 틀의 시각화 과정을 거쳐 분석하면, 인식의 틀이 외부 입력을 제대로 재해석하는지 그러지 않은지를 알 수 있다. 그래서 교정이 필요하면 교정할 수 있게 된다. 인식의 틀을 교정함으로써 인성을 회복하는 것이 수용성 교육의 기반이 될 수 있는 것이다.

이상오*는 창조적인 창의성 교육을 위해서는 인식의 변화가 필요하다고 지적한다. 첫째, 창의성 교육은 특별한 교육을 의미하는 것이 아니라 교육의 원형이라는 것이다. 둘째, 창의 교육과 인성 교육은 한 몸

---

* 이상오, 《지식의 탄생》, 한국문화사, 2016.

이라는 것이다. 아울러 우리가 받아들인 정보를 고도화할 때 인간은 창의력이 향상하고 창조적 지성을 갖출 수 있다. 정보를 고도화하는 능력을 기르기 위해서는 체계적인 정보의 재구성 작업이 필요하기에 정보의 성격과 내용에 따라 정보를 분류·분석·종합하는 능력이 필요하다. 입수한 정보의 효율을 높이기 위해서는 정보를 질서화해야 한다.

정보의 질서화에 이어 내면화하는 단계가 필요하다. 즉 정보는 대개 추상적이며, 이런 추상적 개념을 구체화하기 위해서는 개념 심화 학습법을 이용해 자신이 생각하는 개념과 사전적 개념을 비교·묵상하는 과정이 필요하다. 이런 과정을 거쳐 입수한 정보를 고도화함으로써 창의적 사고를 할 수 있게 된다.

융합적 능력

융합적 능력은 인간의 상상력을 바탕으로 구현되어왔다. 상상력은 사유의 원천이자 본질이다. 즉 인간의 모든 생각은 상상에서 시작된다. 그리고 테크놀로지 역시 이성과 감성 이전에 '생각'에서 출발했다. 인간은 사고를 바탕으로 언어를 창조하고, 사고의 결과인 언어로 자신의 생각을 남에게 전달한다. 따라서 우리의 언어 사용 능력이 사고에 영향을 미친다.

이한진**은 이런 의미에서 융합적 능력을 길러주는 핵심 요소인 인

** 이한진, 〈대한민국 수학교육의 진단과 미래비전〉, 《5차원전면교육협회》, 2016.

간의 사고 능력을 향상하기 위해서는 수학을 활용하는 것이 매우 유익하다고 주장한다. 수학은 인간이 만든 가장 고도의 언어이며, 이 언어를 바르게 사용하면 고도의 사고 능력을 기를 수 있기 때문이다. 정보를 전달하는 언어의 형태에는 세 종류가 있다. 서술적 언어, 그림과 도표의 언어, 수학적 언어가 그것이다. 자연현상이나 사회현상이라는 정보를 표현할 때도 추상적이고 함축적인 수학적 언어를 사용하면 간결하게 표현할 수 있고, 문제를 잘 해결할 수 있다. 수학적 사고 유형은 함축화, 변형화, 구체화, 패턴화, 기타의 다섯 가지로 나눌 수 있다. 수학적 언어로 이 같은 유형의 사고 훈련을 함으로써 생각하는 능력을 향상하고, 아울러 상상력을 증진해 궁극적으로 융합적 능력을 기를 수 있다.

글로벌 의식

미래에는 국가 간의 상호 의존성이 더욱 증대되고, 여러 측면에서 단일 사회 체계로 변모하는 전지구화, 즉 글로벌화가 뚜렷해질 것이다. 이런 시대에 다른 나라 사람들과 공존하기 위해서는 그들의 문화와 정신을 이해하고 수용하는 능력이 필요하며, 아울러 그들의 언어를 이해하고 소통하는 다중 언어 능력이 필수이다. 안정헌°은 학생들이 기존 영어 문법에 바탕을 둔 영어 학습 방식으로 영어를 익히는 것이 매우 어려운 일이며, 이런 방식은 근본적으로 영어로 의사소통을 할 수 없게 만드는

• 안정헌, 〈Sense Group Grammar〉, 《5차원전면교육협회》, 2016.

교육이라고 지적한다. 그의 주장에 따르면 영어를 마스터하는 올바른 방법은 '1대원리 5소원칙'을 근거로 사고 구조를 변화시키는 것이다.

한편 김완호[**]는 월터스Walters의 단계적 접근 방식이 EFLEnglish as a Foreign Language 상황의 우리나라 영어 쓰기 지도에서 매우 유용한 접근 방식이라고 보며, 이를 위한 구체적 실마리를 어순을 중심으로 한 사고 구조 변환법에서 찾고자 한다. 이러한 사고 구조 변환법으로 언어 학습 방식을 개선해 다중 언어 능력을 갖추고, 이를 토대로 문화의 벽을 넘어서 글로벌 의식을 가질 수 있도록 해야 한다.

③ 미래 세대와 행복 교육

우리나라 부모는 그간 자녀가 성공하는 데 가장 중요한 요소가 교육이라고 생각해 교육에 열을 올렸지만, 정작 한국인은 행복하지 않다고 느끼는 사람이 너무나 많다. 그 큰 이유 중 하나는 교육에서 파생된 문제가 사람들을 행복하지 못하게 만들었기 때문이다. 그러므로 인간을 행복하게 만드는 교육체계를 구축해야 한다. 김경동[***]은 국가와 사회는 현재뿐 아니라 미래의 구성원도 행복한 삶을 영위하도록 물질적·정신적 여건을 조성하고, 필요한 자원을 제공할 책임이 있다고 주장한다. 우리 세대는 미래 세대가 행복하게 살아갈 수 있게 만드는 교육 시스

[**] 김완호, 〈어순 중심의 사고구조변환법을 통한 영어교수 학습방법의 전환〉, KAIST 국가미래전략 정기 토론회, 2015.

[***] 김경동, 〈왜 미래세대의 행복인가〉, 미래세대행복위원회 창립총회, 2015.

템을 확립하는 데 인색해서는 안 된다.

인간의 행복은 외적 조건으로 결정되는 것이 아니라, 그 조건을 주관적으로 어떻게 느끼는가에 달렸다. 에드 디너 Ed Diener 교수의 지적대로, 한국인의 행복도가 낮은 이유는 지나치게 물질적인 것에 치중해 사회적 관계나 개인의 심리적 안정 등 다른 가치를 희생하기 때문이라고 말한다. 디너 교수의 연구에 따르면, 인간은 성취했기 때문에 행복한 것이 아니라, 행복감이 높을수록 성취감도 높아지므로 건강이나 성공을 자신하고 인간적 만족도 또한 높아 즐겁게 살 수 있다. 우리에게는 살아가면서 건강, 돈, 가정, 성취, 목표, 배려 등 행복을 만들어갈 수 있는 긍정적 요소가 많다. 하지만 이러한 요소는 사람의 관점에 따라 긍정적 요소도, 부정적 요소도 될 수 있다. 문용린*은 이러한 요소를 긍정적으로 바꾸기 위해서는 긍정적으로 바라보는 능력이 필요한데, 이를 행복 능력이라 부를 수 있다고 한다. 우리 국민의 행복 능력을 키우는 일이 바로 행복 교육의 핵심 과제인 것이다.

④ 미래 교육 전략

통전적 평생교육 전략

이제 인간은 특별한 일이 없는 한 100세까지 살게 되었다. 이러한 시

• 문용린, 〈행복교육의 의미와 과제〉, KAIST 국가미래전략 정기토론회, 2015.

대의 교육은 그 교육을 받는 당시에만 필요한 것이어서는 안 되며, 평생을 살아가는 데 필요한 통전적 교육이어야 한다. 이를 위해서는 평생 살아가는 데 필요한 창조적 지성, 바른 세계관, 전면적 인성, 융합적 능력, 글로벌 의식을 길러줄 수용성 교육이 전제되어야 한다. 그러므로 하루빨리 공교육 현장에서 통전적 교육 커리큘럼, 즉 수용성 교육을 강화하는 작업을 시작해야 한다. 이 같은 통전적 교육을 받은 고도의 인적자원을 통해 우리의 직장이 새로운 에너지를 공급받고, 어려운 여건에서도 경제 발전을 지속해야 한다. 아울러 생애 전 시기에 걸쳐 필요한 통전적 교육 프로그램을 개발해야 하며, 이를 토대로 한 평생교육 시스템을 구축해 고도의 사회 체계를 확립해야 한다.

통일 교육 전략

미래에 필연적으로 닥칠 통일 사회에서 우리가 당면할 다양한 문제 중 가장 근본적이고 장기적인 노력이 필요한 것이 사회 통합 문제이다. 오윤경**에 따르면 사회 통합을 기반으로 한 통일 교육의 방향과 전략은 수용성 교육이 추구하는 바와 같은 맥락에서 이해할 수 있으며, 미래 통일 사회의 실질적 구성원이 될 남한 청소년에게 수용성 교육을 기반으로 한 통일 교육이 필요하다. 윤덕민***은 수용성 교육과 아울러 통

** 오윤경, 〈통일 세대를 위한 수용성 교육의 의의〉, KAIST 국가미래전략 정기토론회, 2015.
*** 윤덕민, 〈미래를 위한 통일교육 전략, KAIST 국가미래전략 정기토론회, 2015.

일 사회에서 함께 살아갈 남북한 학생들이 민족 동질성을 회복하기 위해 폐쇄적 정서를 극복하고 열린사회로 갈 수 있게 하는 교육이 필요하다고 역설한다. 임경호*는 이를 위하여 남북 교육 교류 기구를 설립하고, 방학 기간 등을 활용해 탈북 새터민 학생들과 남한 학생들에게 통합적 교육을 실시해 통일 이후 교육과정에서 생길 수 있는 제반 문제점을 미연에 파악하고, 그 방안을 찾는 노력이 중요하다고 강조한다. 아울러 통일 문제에 가장 큰 영향을 받을 750만 해외 동포를 위한 '한민족 교육 공동체'를 구축하는 일도 시급한 과제이다.

⑤ 결론

이제부터라도 우리 국민이 자신의 달란트를 최대로 발휘하도록 전인격성 인성 교육에 바탕을 둔 수용성 교육을 실시하고, 우리 자신만이 아니라 타 민족도 섬길 수 있는 인적자원을 길러내야 한다. 그래야 평화를 근간으로 고도의 기술 사회에서, 창의적으로 인류의 행복을 지향하는 역사의 바른길을 가게 될 것이다.

• 임경호, 〈수용성 교육을 통한 통일 이후 통합교육 방안〉, 《5차원전면교육협회》, 2016.

글 분석법 실제로 해보기: 103페이지

1. 4문단

2. 1문단: 장애인에 대한 투자와 관점을 가져야 함.
   2문단: 현재 장애인에 대한 대책은 미비함.
   3문단: 장애인에 대한 잘못된 시선과 인식이 존재함.
   4문단: 장애인에 대한 일반인의 인식을 바꾸는 것이 선결되어야 함.

3. 미괄식

4. 장애인에 대한 일반인의 인식을 바꾸는 것이 선결되어야 함.

5. 장애인 복지대책

고공 학습법과 상관관계 학습법 실제로 해보기: 162페이지

1.

김치 이름의 변화	김치 맛의 변화
침채 ↓ 딤채 ↓ 짐채 ↓ 김채 ↓ 김치	소금에 절인 김치(짠지) ↓ 소금 대체품으로 고추 사용 김치(18세기) ↓ 통배추 김치(근대) ↓ 젓갈 사용 김치

2. 정답 없음

이 책의 방법대로
더 공부하기 원하는 사람들을 위하여

새로운 공부 방법을 선택해서 다시 공부를 시작한다는 것은 결코 쉬운 일이 아니다. 이런 경우 함께하는 사람들이 있으면 큰 도움이 된다. 5차원전면교육협회 홈페이지 들어오면 이런 방식으로 공부하는 사람들이 서로의 정보를 교환하고 함께할 수 있다(www.5eduforum.org). 그곳에서 필요한 학습을 연습할 수 있는 워크북 교재도 구입할 수 있고, 동영상을 통해 어떻게 워크북을 공부하는지 방법도 배울 수 있다. 또한 지금까지 이 교육을 해왔던 사람들과의 정보교류를 통해 계속할 수 있는 힘도 얻게 될 것이다.

훈련 도서

① 자기경영: 지력·심력·체력·자기관리 능력·인간관계 능력을 기반으로 전면적 인성을 기르기 위한 워크북(중등, 고등용).

② 창조적 지성: 학문의 9단계를 기반으로 창조적 지성을 기르기 위한 워크북(초등, 중등용).

③ 언어 수용성(영어): 사고 구조와 발성 구조를 변환하여 글로벌 의식을 기르기 위한 워크북(초등, 중등용).

④ 융합수리: 수학적 언어의 1대원리 5소원칙 훈련을 통해 융합적 능력을 기르기 위한 워크북(초등, 중등용).